MY RUSSIAN WIFE

Reflections of a European man on the joys and challenges
of being married to a Russian woman

Kjetil Sandermoen

Global strategic management consultant, founder of the
University of Fredericton and Sandermoen School of Business

www.facebook.com/myrussianwife/

Zug, Switzerland

SANDERMOEN PUBLISHING

2016

MY RUSSIAN WIFE

Sandermoen, Kjetil

Copyright © 2016 by Sandermoen Publishing

ISBN: 978-3-9524745-0-1

Address inquiries to:

Sandermoen Business Management

Email: post@sandermoen.com

Edited by Stephanie Droop

Design and layout by Natalia Abelian

МОЯ РУССКАЯ ЖЕНА

Размышления европейского мужчины о радостях
и трудностях жизни в браке с русской женщиной

Перевод с английского Елены Тонковой

Шетил Сандермоен

международный эксперт по стратегическому управлению,
основатель Университета Фредериктон
и бизнес-школы Сандермоен

www.facebook.com/myrussianwife/

Швейцария, Цуг

«Сандермоен Паблишинг»

2016

МОЯ РУССКАЯ ЖЕНА

Сандермоен, Шетил

ISBN: 978-3-9524745-0-1

С вопросами и предложениями обращаться по адресу:

Sandermoen Business Management

Email: post@sandermoen.com

Редакторы: Анна Чедия Сандермоен, Ирина Гаро

Оформление и дизайн книги: Наталья Абельян

Оглавление

Contents

Благодарности

Хочу выразить благодарность Стефани Друп, редактору книги, за профессиональную и скорую работу над этой книгой, за доработку текста, за правку грамматики и стилистики английского языка.

Также благодарю Наталью Абельян за разработку дизайна и макета книги. Наталья все делает быстро, внимательно, вдумчиво, с особым вниманием к деталям.

Благодарю Елену Тонкову за перевод книги на русский язык и Ирину Гаро за литературное редактирование русского перевода.

И, конечно, особая благодарность моей жене Ане (Анна Сандермоен, девичья фамилия Чедия) за редактирование русского издания книги, а главное за то, что вдохновила меня на ее написание. Также Аня руководила подготовкой издания от редактуры до выхода книги в свет в принадлежащем ей издательстве Сандермоен Паблишинг.

Acknowledgements

I want to thank Stephanie Droop, my editor, for her professional and fast work on this book, improving the text, the grammar and the English.

Likewise thank you to Natalia Abelian for her work on the layout and design. Natalia always works fast, patiently and with precision and skill.

Thank you to Elena Tonkova who translated the book into Russian and to Irina Garo who edited the Russian text.

And finally thank you to my wife Ania (Anna Sandermoen, maiden name Anna Chediya) who edited the Russian version and inspired me to write this book in the first place. Ania has also supervised all the details from editing to printing and getting the book ready to be published through her own publishing company Sandermoen Publishing.

* * *

Каждый раз, когда Аня варит борщ — традиционный русский суп со свеклой, — я всегда в шутку говорю ей, что женился бы на ней только за ее борщ. Теперь и сам борщ, и эта присказка укоренились в нашей семье и стали традицией.

Наша 11-летняя дочка Марта просто мастер неожиданных вопросов. Как-то за ужином (кстати, в этот раз мы ели не борщ) она вдруг спросила меня: «Когда ты в первый раз поцеловал маму?». Еще до того, как я успел ответить, она уже ответила сама: «Ах да, конечно, когда ты сделал ей предложение!»

«Должен признаться, что это случилось немногим ранее… чтобы ощутить вкус…». «Ну это понятно, вкус борща!» — заключила Марта.

Шетил Сандермоен

✳ ✳ ✳

Whenever Ania makes borsch, the traditional beetroot soup, I always jokingly tell her that I would have married her for her borsch alone. This has become a tradition in our family.

Our daughter Marta, 11 years old, is an adept at asking awkward questions. We were having dinner (not borsch this time) and she asked me, "When did you kiss mama for the first time?" Before I could respond she answered herself: "Aah of course, when you asked her to marry you!"

"Well I have to admit that I kissed her a little bit beforehand also – just to taste" I said. "I see, to taste the borsch" Marta concluded.

Kjetil Sandermoen

1. Предисловие

Эта книга о моей русской жене Ане, об истории наших с ней отношений, а также о том, как разные культуры накладывают отпечаток на восприятие действительности.

Порой в своих взглядах и реакциях мы выглядим людьми с разных планет. Наши так называемые *мемы*[1] расходятся. Аня провела свои детство и юность в Советском Союзе, она застала время распада и краха империи.

Я вырос в Норвегии, демократической, но довольно бедной во времена моего детства стране, и на моей памяти она превратилась в одно из самых процветающих и благополучных государств мира. У нас с Аней очень разный бэкграунд.

> **Питание фастфудом и полуфабрикатами не произвело еще на них своего разрушительного действия.**

В этой книге содержатся и некоторые размышления о России — в частности, когда речь идет о темах, напрямую связанных с попытками понять мою жену. Книга нисколько не претендует на полноту освещения сложнейших проблем наших взаимоотношений или моих взглядов на Россию.

Первое, что бросается в глаза при посещении России — это красота русских женщин. Приезжаешь ты в Москву, Санкт-Петербург или любой другой крупный российский город — красавицы

---

1   Мем — это элемент культуры или система поведения, передаваемая от одного человека другому посредством подражания или любым другим ненаследственным способом. Мемы выступают культурными аналогами генов в своей способности к самовоспроизведению, мутированию и реагированию на социально-экономические условия жизни. Термин «мем» впервые был использован Ричардом Докинзом в работе 1976 года «Эгоистичный ген».

1. Introduction

This book is about my Russian wife Ania, my relationship with her, and how our cultures sometimes give us each a different perception of reality.

We sometimes see and discuss things as if we are from two different planets. Our so-called memes[1] are different. She spent her childhood and youth in the Soviet Union and experienced how this imperium crumbled and finally collapsed.

I grew up in Norway, a democracy, still a poor country in my childhood but I experienced how the country transformed into one of the wealthiest countries in the world. Our backgrounds are very different from each other.

This book also contains some of my own reflections about Russia – especially on topics that are relevant for me in trying to understand my wife. This book is in no way meant to be a comprehensive work on all my opinions about my wife, our relationship or Russia. They are far too complex for that.

> **Fast and processed food have not yet wrought their damaging effects here.**

One of the first impressions you get when visiting Russia is the thousands of women in the streets, you'll notice that they all

---

1   A meme is an element of a culture or system of behavior passed from one individual to another by imitation or other non-genetic means. Memes are considered cultural analogues to genes in that they self-replicate, mutate and respond to socio-economic living conditions. The word meme originated with Richard Dawkins' 1976 book The Selfish Gene.

везде и всюду, будь это сотрудницы паспортно-пограничной службы или просто проходящие мимо женщины. Бросается в глаза, что все они выглядят так, будто собрались на вечеринку или в гости, — все изысканно одеты и при макияже. В большинстве своем они стройны и подтянуты. Питание фастфудом и полуфабрикатами не произвело еще на них своего разрушительного действия.

Очень заметно, как много внимания они уделяют своей внешности.

Как мужчина вынужден отметить, что от них трудно оторвать взгляд. Но я скандинав, а нас так воспитывали, что смотреть на женщин с откровенным желанием или проявлять сексуальный интерес нельзя. Низводить женщину до сексуального объекта считается унизительным и рассматривается как проявление неуважения.

Однако я с удивлением обнаружил, что многие женщины, встречавшиеся мне в Москве, смотрели с интересом *на меня*.

Во мне нет ни капли самолюбования, и я отлично понимаю, что не настолько хорош собой, а потому задумался, отчего же все эти красотки, казалось, так мной интересовались. Сначала я подумал, что это, возможно, связано с тем, что они как-то могли определить во мне иностранца, которые все еще пробуждают среди россиян неподдельный интерес.

Как я позже выяснил, это было правдой, но лишь отчасти. Я обнаружил, что существует весьма жесткая конкуренция за стоящего мужчину между русскими женщинами — они оказались в сложной демографической ситуации: на 100 женщин приходится только 88 мужчин. Типичное для русского мужчины поведение еще больше усложняет проблему.

look ready to go to a party: elegantly dressed and with perfect make up. The majority of them are slim and fit. Fast and processed food have not yet wrought their damaging effects here.

You can see they pay great attention to their looks.

As a man, I have to admit that it's hard not to stare, but I am Scandinavian and was therefore brought up to not look at women with what could resemble obvious desire or sexual interest. It is considered humiliating and disrespectful to a woman to reduce her to a sexual object.

However, I was surprised to notice that a lot of the women I saw in Moscow looked at *me* with interest.

I am not conceited and I know I'm not that good-looking, and it made me wonder why all these beautiful women seemed to be interested in me. First of all I thought it must be because they could somehow see I was a foreigner, which is still a fairly interesting thing in Russia.

I found out later that this is partly true, but I also found out there is tough competition between Russian women to find a good man. The demographic situation is tough for them: there are only 88 men for every 100 women. The typical Russian man's behavior makes it even tougher.

Русские женщины считают соотечественников (возможно, небезосновательно) избалованными, ленивыми, неряшливыми. К тому же трудно найти мужчину, который не злоупотреблял бы спиртным.

Похоже, русских мужчин мало заботит собственное здоровье. Конечно же, это обобщение, и я лично знаю русских, которые, подобно любому европейцу, весьма щепетильны в вопросах ухода за собой. Однако с течением времени я все же пришел к заключению, что русские мужчины и правда избалованны, причем именно теми женщинами, которые как раз и жалуются на своих избалованных мужей!

Это может казаться парадоксом, но и впрямь русские матери балуют своих сыновей и относятся к ним совсем иначе, чем к дочерям, когда дело касается домашних обязанностей, уборки за собой, поддержания чистоты, аккуратности, да и просто отношения к своему здоровью.

Совершенно неудивительно, что такие мальчики вырастают в мужчин, не имеющих ни малейшего представления о том, как стать хорошим партнером и мужем. В этом отношении Россия и в самом деле весьма старомодна и продолжает жить мужскими эгоистическими интересами. Для меня все это делает Россию похожей скорее на какую-нибудь азиатскую страну, нежели на европейскую. Да и правовое положение российских[2] женщин ниже, чем мужчин. А потому не должно вызывать удивления, что все вышесказанное заставляет россиянок искать альтернативы за рубежом.

---

2   При переводе делалось различие между понятиями «русский» как обозначением национально-этнической принадлежности и «российский» как маркером гражданской принадлежности. *Прим. перев.*

The Russian man is considered by the Russian female to be spoilt, lazy and untidy, a view that may have some root in reality. In addition, it is difficult to find a man who doesn't drink to excess.

Russian men seem to pay very little attention to their health. This is of course a generalization, and I personally know several Russian men who are as fastidious as any European in the realm of grooming. However, over the years I have come to the conclusion that Russian men actually are spoilt, and by those same women that complain about their spoilt men!

Yes, this is a paradox, but the fact is that Russian mothers spoil their sons and treat them very differently from the daughters when it comes to practical domestic responsibilities such as cleaning up after themselves and keeping themselves tidy, clean and healthy.

No wonder these boys turn into men with no clue how to be good partners and husbands. In this regard Russia is very old-fashioned and based on the male's selfish interests. To me this makes Russia much more like an Asian country than a European. In reality Russian women even have a weaker legal position than men. That this makes Russian women look for alternatives abroad should not surprise any man.

Эта небольшая книга о том, каково это — мужчине из европейской страны быть женатым на русской женщине. Она о том, как разница наших жизненных историй, наших ценностей и опыта превращает наш брак одновременно и в испытание, и в приключение. Я знаю, что в подобной ситуации находятся и многие другие пары, и я искренне надеюсь, что содержание этой книги будет для них, а заодно и для любого другого читателя актуальным и интересным. Эта коротенькая книжка подводит итог моим размышлениям об отношениях и о жизни с женой, описывает мои представления о России (а заодно и Европе), при этом в ней не ставилось никаких более важных задач, чем просто развлечь читателя, а также, по возможности, дать ему повод для размышлений.

Если же вы, читатель, обнаружите, что она в некоторых своих частях критична по отношению к российской политике, то, пожалуй, я не стану этого отрицать. Однако же если она покажется вам критично настроенной по отношению к русским и к их стилю жизни, то примите мои извинения. В мои намерения не входило ни обижать, ни осуждать, но лишь только делиться своими наблюдениями. Россия вызывает у меня восторг, и я люблю свою русскую жену.

This little book is about being married to a Russian woman, by a man from a European country. It is about how our different backgrounds, values and experiences make our marriage both challenging and fun. I know we share this situation with a lot of other couples and I do hope that what I am writing about is relevant and interesting for them, and for anyone else who reads it. This short book is a summary of what I think about my partnership and life with my wife, my opinion about Russia (and Europe), but it has no deeper mission than to be fun and maybe a source of reflection.

If you, the reader, find part of it critical of Russian politics, then I do not deny that. But if you find it critical towards Russians themselves and their way of life, then I apologize. It is not my intention to insult or blame, but rather to observe. Russia fascinates me and I love my Russian wife.

2. В поисках лучшей доли

В Европе и США существует стереотип: россиянки — искательницы счастья, охотницы за деньгами. Возможно, в этом есть своя правда. И все же лучше для начала определиться с понятием «искать счастье». Мы все в некотором роде искатели лучшей доли, разве не так?

Все мы ищем лучшей жизни для себя и своих детей. И в этом смысле быть искателем лучшей доли вполне естественно. Однако же зачастую понятие «искатель лучшей доли» обретает негативный смысл, указывая на кого-либо, кто жаждет нажиться за счет другого человека.

Согласно моему опыту, совсем немногие русские женщины — «искательницы счастья» в таком вот негативном смысле. Как и большинство женщин в любом уголке мира, россиянки ищут партнера для создания семьи, такого человека, с кем хотелось бы идти по жизни, и кто относился бы к ним с уважением. И, да, это вполне может значить, что некоторые из них пытаются найти западного мужчину, чтобы наладить лучшую жизнь.

В русском языке быть «замужем» буквально означает быть «за мужем». Это означает, что муж защищает свою жену и заботится о ней, но и она поддерживает его и обеспечивает ему тыл и комфортную жизнь. Она стоит за ним и все для него делает. Однако в любом случае мужчина представляется более значимой фигурой — именно он встречается с миром лицом к лицу, именно он решает все деловые вопросы, именно он обеспечивает семью материально, в то время как женщина оказывается внутри безопасного дома.

2. Fortune seekers

In Europe and the USA there is a stereotype that Russian women are fortune seekers, gold diggers. This could be true to some extent. However, we need to define what we mean by the term "fortune seeker". We are all fortune seekers to some degree, are we not?

We seek a good life for ourselves and our children. It is absolutely legitimate in my opinion to be a fortune seeker in this context. The label "fortune seeker" however has negative connotations, usually of someone who wants to take advantage of someone else.

In my experience, very few Russian women are true "fortune seekers" in this negative sense. Like most women anywhere, Russian women are looking for a mate to start a family with, someone to share life with who will treat them respectfully. And yes, this does mean that some are trying to find a Western man to obtain a better life.

In the Russian language, a married woman is literally said to be "behind a man" (Russian: замуж; "za muzh"). This can mean both that she is protected and supported by the man, but it can also mean that she supports and provides a good life for her man. She stands behind him, and will do anything for him. In either sense, though, the man appears more important, facing the world and conducting business, with the woman tucked away safely in the domestic sphere.

Конечно же, далеко не все женщины согласятся с тем, чтобы их считали людьми второго сорта.

Несколько раз нам с Аней приходилось ездить в Берн в российское консульство — к примеру, когда ей надо было получить новый паспорт или поменять свою фамилию после замужества. Мы ездили туда на машине, и поскольку найти свободное парковочное место рядом с консульством — не самая простая задача, чаще всего сначала я подвозил Аню к консульству и только потом искал место для парковки (и обнаруживалось оно, как правило, весьма неблизко).

Степень подготовленности всех ваших документов, а также предварительная оплата услуг консульства (деньги отправляются почтовым переводом), как правило, роли не играют — всегда найдется какая-нибудь недооплаченная пошлина, из-за которой снова придется ехать на почту. Когда мы ездим вдвоем, то на почту отправляюсь я, а Аня остается в консульстве, сохраняя свое место в очереди.

Проблема в том, что расстояние до почты совсем не близкое. Поэтому надо брать свою машину, и значит, терять парковочное место, либо совершать весьма продолжительный променад до почты и обратно и при этом не опоздать, поскольку почта закрывается на обед с 12.30 до 14.00 (да-да, «Mittag»[3] в Швейцарии — это вам не шутки). Консульство же ведет прием посетителей только в утренние часы, с 9.00 до 12.00. Представьте, что вам назначено, скажем, на 11.30. Пока вас пригласят, пока просмотрят все документы, уже стукнет 12.00. И тут вам сообщают, что нужно заплатить еще какой-то там сбор, и единственный способ сделать это — отправить почтовый перевод на счет консульства! В моей голове никак не укладывается: почему эти пошлины нельзя оплатить непосредственно в посольстве?!

---

3   «Mittag» (нем.) – обеденный перерыв. *Прим. перев.*

Some women will of course not accept to be considered second-class.

I have been a few times with Ania to the Russian Consulate in Bern, when she had to get e.g. a new passport or change her surname after getting married. I drove with her because it is sometimes difficult to find a parking space at the consulate in Bern so this way I could just drop her off and go and find parking somewhere else (usually far away).

Another reason is that no matter how well-prepared you are with documents and payments (fees have to be prepaid via the post office), there is almost always another fee you have to go to the post office to pay. If we are two, I can go and do this when Ania is waiting inside the consulate, keeping her place in line.

The problem is that the post office is pretty far away so you either have to take your car and lose your parking space or to walk to the post office. The post office closes for lunch from 12.30 to 14.00 (yes, "Mittag" is taken very seriously in Switzerland). The consulate is only open for a few hours in the morning, from 9.00 to 12.00. Let's say your appointment is at 11.30. After you have been called up and they start looking at your request it could be 12.00 already. Now you are told you need to pay another fee, and the only way to pay is to go to the post office and pay it to the consulate's account! I can't get my head round why these fees can't be paid directly to the consulate?!

Если не успеваешь на почту, то приходится возвращаться домой (а в нашем случае это без малого два часа езды), потому что к тому моменту, когда на почте заканчивается обед, консульство уже будет закрыто. Значит, надо будет снова записываться на прием в посольство и потратить еще один день в попытках подать свое заявление.

Все это я рассказываю вовсе не для того, чтобы описать специфику работы российского консульства в Берне. Работники консульства профессионально выполняют свои обязанности; просто им приходится действовать в таких вот условиях.

Я о другом.

Все посетители консульства — женщины. Русские женщины. Все они там по сходным поводам — получают новый паспорт (у всех россиян два паспорта — внутренний и международный), меняют гражданство, меняют документы в связи со сменой фамилии и т.д. Аня разговаривала с некоторыми из них в ожидании своей очереди — истории у всех одинаковые. Все они замужем за европейцами после развода с русскими мужьями и, как правило, у этих женщин есть ребенок от первого брака. Они хорошо образованны, знают по меньшей мере три языка (немецкий или французский — в зависимости от того, в какой части Швейцарии они живут, и английский, в дополнение к своему родному).

Я был вместе с Аней в консульстве несколько раз, несколько раз Аня ездила сама, и картина всегда одна и та же — только женщины. Все это весьма симптоматично и наглядно демонстрирует происходящее в России. Молодые талантливые женщины покидают страну. Своей судьбе я за это благодарен, но Россия определенно в них нуждается!

If you miss the post office, you have to go home (in our case a two-hour drive) because the consulate will be closed when the post office opens again after lunch. You have to get a new appointment with the consulate, and spend another full day trying to get your request handled.

My point with all this is actually not to describe the working procedures at the Russian Consulate in Bern. The employees at the consulate all seem to be very professional and to know their jobs well; they are just working under these conditions.

My point is something else.

All the clients at the consulate are women. Russian women. They are all there for the same purpose: renewing a passport (all Russians have both an international and a domestic passport), changing citizenship, changing surnames in their Russian documents etc. Ania talks with some of them when they are waiting for their turn, and they all have the same story. They are all married to European men, divorced from a Russian and they usually have a child from the first marriage. They are all well-educated, speak at least three languages; their own mother tongue, English and German or French, depending on where they live in Switzerland.

I have been with Ania to the consulate several times now, and she has also been there alone, and the picture is always the same: only women. This is symptomatic of what is happening in Russia. Young, able women are leaving the country. I am happy for my personal destiny in this regard, but Russia needs these women. The talent and skills these women take with them is a disaster for Russia to lose.

В общем и целом русские не такие уж материалисты. Откровенно говоря, русские — и снова я подчеркиваю, что это лишь утверждения общего характера — в отношении денег весьма наивны, поскольку воспитывались в иной системе ценностей, если сравнивать с более прагматичной Европой (о ценностях смотри главу 16).

> **В общем и целом русские не такие уж материалисты.**

В некотором смысле все это кажется невероятным, поскольку означает, что имущество редко приобретает особый статус, и, теоретически, предпочтение отдается людям и отношениям (о важности друзей и семьи смотри главу 8).

Обратной стороной медали, однако, становится отсутствие в России культуры гордости обладания. Русские относятся к вещам, как будто они ничего не стоят, и как будто на индивидуальном уровне бережливое к ним отношение совершенно излишне. Если что-то сломалось, то это чужая проблема.

Меня поразили бесхозные мебель, автомобили, земля и строения, ветшающие и разрушающиеся, потому что никто не хочет заниматься их содержанием. В обществе не существует идеи бережного отношения и заботы по отношению к своему имуществу, даже если человек при этом не богат и владеет немногим. Ощущение, что сама идея ответственности за то, чтобы хоть что-нибудь осталось следующим поколениям, просто никому не приходит в голову.

Я рискну предположить, что такое равнодушное отношение к собственности распространяется и на самую важную часть человеческой жизни — на семью, на брак. Я же считаю, что все, что стоит иметь, стоит и того, чтобы о нем заботиться. Неуважение, пренебрежение, оскорбление или неверность не способствуют поддержанию

Generally speaking, Russians are not very materialistic. To be honest, Russians – again, I emphasize that I am speaking in the most general terms – can be very naive regarding money as they were brought up with a very different set of values to those held in more materialistic Europe (see Chapter 16 about values).

In a way this is fantastic as it means that possessions traditionally are not given elevated status and, in theory, people and relationships take priority (see Chapter 8 about the importance of friends and family).

However, the flipside is that in Russia there is no culture of pride of possession. Russians treat "things" as being worth nothing, and that as an individual you don't have to worry about how you treat material things. If something breaks, it is someone else's problem.

> **Generally speaking, Russians are not very materialistic.**

I was surprised to see buildings, furniture, vehicles, properties and land falling apart because no one takes responsibility for maintaining them. The idea of "caretaking" is just not present in society, even for your own possessions, even if you are not wealthy and do not own much. It is as if no one has the notion that it's their responsibility to leave something better for the next generation.

I will go out on a limb and suggest that this same lackadaisical attitude to possessions extends to the most important element in people's lives – their spouse, their marriage. I think that if something is worth having, then it is worth looking after. Disrespect, neglect,

здоровых супружеских отношений. И мужчинам, и женщинам нужно прикладывать усилия для поддержания брака.

Вспоминается, как Аня однажды спросила меня, почему все дома в Норвегии, даже в отдаленных деревеньках, выглядят такими ухоженными, и почему люди так много времени тратят на заботу о своих домах и садиках. Будто им больше заняться нечем, сказала она, и почему этим хлопотам отдается предпочтение? Я ответил, что свой дом или квартира, дающие нам ощущение родного дома, — самое большое капиталовложение, которое за свою жизнь многим только и удается сделать. *Свой дом* — повод для особой гордости, что и гарантирует бережное отношение, а значит, и длительную сохранность, и ухоженный вид.

К тому же дом — это сбережения. Многие люди в течение долгих лет откладывают деньги, чтобы к старости иметь хоть какие-то активы. Потом они могут продать свой дом и купить дом поменьше, или же более подходящий для жизни на пенсии и при этом еще, если получится, отложить некоторую сумму, оставшуюся от сделки.

Дом должен быть красивым и ухоженным, однако это вовсе не значит, что он должен быть с «претензией». И даже обеспеченные люди стараются не выставлять напоказ свое богатство (по крайней мере, так это было раньше!) по причине свойственного скандинавской культуре эгалитаризма[4], а также понимания того, что признаки хорошей жизни, такие как хороший дом, невозможны без усердной работы нескольких поколений.

---

4 Эгалитаризм — политическая доктрина, в основе которой лежит принцип равенства человеческой природы и, как следствие, — принцип равенства прав и возможностей. *Прим. перев.*

abuse or infidelity is not the way to maintain a healthy relationship. Both men and women have to put considerable effort into maintaining a marriage.

I remember how Ania once asked me why all the houses in Norway look so well maintained, even in the remote countryside, and why people spend so much time taking care of their houses and gardens. It is as if they have nothing else to do, she said, why is it a priority? I told her that a house or a flat – a *home* – is by far the biggest investment most people make during their lifetime, and it is therefore a point of pride to make sure it looks nice and well maintained.

Furthermore, the home embodies their savings. Most people make a down payment on a loan over many years in order to have value accumulated for when they get old. Then they can sell the family house and buy a smaller or more practical home for their retirement, and maybe even have some money left over from the deal.

However, for a house to be nice looking and well maintained does not mean it has to be ostentatious, and even wealthy people try not to display their wealth too obviously (at least that's how it used to be!) because of the egalitarian Scandinavian culture and a mutual understanding that the trappings of a good life such as a nice home don't come without generations of hard work.

Все это чуждо русскому образу мыслей. За 75 лет коммунистического режима поколения русских выросли в обществе, в котором государству принадлежало все. Предполагалось, что государство позаботится обо всех материальных нуждах. При этом режиме ценить материальное или хотя бы говорить о нем считалось неприличным. Гордиться способностью позаботиться о себе было совершенно не принято.

Постоянно навязывалась скромность, но это была такая скромность, которая принижала человека: он должен значить меньше, чем коллектив или безликая масса. Подобная скромность всегда продвигается и навязывается диктатурами, ведь она облегчает процесс контроля и сводит к минимуму потребности отдельного индивидуума. Если вы один из миллионов, то ваши потребности не имеют значения. А имеет значение лишь общее дело, родина и общественный интерес, что на практике означает лишь интерес правящей элиты.

> Постоянно навязывалась скромность, но это была такая скромность, которая принижала человека: он должен значить меньше, чем коллектив или безликая масса. Подобная скромность всегда продвигается и навязывается диктатурами, ведь она облегчает процесс контроля и сводит к минимуму потребности отдельного индивидуума.

Когда в 1991 году Советский Союз распался, маятник качнулся в противоположном направлении. Доминирующим стало вовсе не индивидуалистическое, а эгоистическое поведение.

Экономика стала не капиталистической, а криминальной. Собственность и экономические объекты, такие как богатые природные ресурсы, раньше принадлежавшие государству, оказались захвачены и разворованы аппаратчиками и бюрократическими шишками.

To the Russian mindset this is very unfamiliar. During the 75 years of Communist rule, generations of Russians were brought up in a society where the State owned everything. The State was supposed to take care of all your material needs. Under this regime it was bad to value or even to talk about personal belongings. The pride in being able to take care of oneself never existed.

Modesty was always reinforced, but it was a kind of modesty that made the individual worth less than the collective and faceless masses. This kind of modesty is always promoted and reinforced by dictatorships because it makes it easier to control and minimize people's individual needs. If you are only one of millions then your individual needs don't matter. What matters are the cause, the motherland and the collective interest, which in practice means nobody's interests but those of the leading elite.

Modesty was always reinforced, but it was a kind of modesty that made the individual worth less than the collective and faceless masses. This kind of modesty is always promoted and reinforced by dictatorships because it makes it easier to control and minimize people's individual needs.

When the Soviet Union ended in 1991 the pendulum swung in the extreme opposite direction. The prevailing behavior became not individualistic but egoistic.

The economy became not capitalist but criminal. Property and economic interests that were previously owned by the State, such as the country's vast natural resources, were raided and actually stolen by apparatchiks and bureaucracy insiders. They became

Последние стали так называемыми олигархами, контролирующими новую экономику вместе с политическими лидерами.

Потому-то сегодня богатые русские так бесстыдно сорят деньгами (домами, автомобилями, украшениями), что у них нет представления о гордости и нет понимания сути истинной скромности. Они считают, что им не нужно «вести себя прилично».

Такое бессмысленное выставление напоказ своего богатства легко превращается в вульгарность, особенно если соседствует с российской отчаянной бедностью, бросающейся в глаза. И, как мне кажется, не стоит удивляться, что большая часть старшего поколения россиян считает, что в советские годы жилось лучше.

Российские экономические реалии весьма суровы, и такими были всегда, что, вполне вероятно, и является главной причиной стремления русских женщин покинуть страну. И все же я склонен думать, что любая россиянка, будь у нее возможность найти себе хорошего, надежного партнера для создания семьи, предпочла бы остаться на родине, поближе к своим родным и друзьям. Однако решающим фактором становится нехватка мужчин. Именно это и толкает многих энергичных и ищущих личностей в плавание к новым берегам, в погоню за любовью и возможностями, на «поиски лучшей доли», если угодно.

the so-called oligarchs who controlled the new economy together with the political leadership.

Today wealthy Russians therefore shamelessly flaunt their money (houses, cars, jewelry) because there is no culture of pride and no understanding of true modesty. They believe they don't have to "behave".

This senseless display of wealth can easily appear vulgar, especially seen side by side with Russia's desperate and visible poverty. In my opinion it is no wonder that some of the older generation of Russians think things were better during the communist years.

The Russian economic reality is tough and is probably the primary reason why many Russian women want to leave the country in the first place. However, I believe the average Russian woman would prefer to stay in her homeland, close to family and friends, if she could find a good and reliable partner to start a family with. The shortage of potential mates, however, clinches the deal and pushes many ambitious, questing types to travel to new shores looking for love and opportunity, to "seek their fortune" if you like.

3. Назад к СССР?

Я знаю, что несколько переиначил название песни Битлз «Назад в СССР»[5]. Таким образом я просто высказываю свои опасения по поводу того, что нынешнее руководство России повернуло страну вспять и ведет ее *обратно* к чему-то, сильно напоминающему Советский Союз. Однако название главы также отсылает и к тому моменту, когда я повторно посетил Москву — случилось это спустя 36 лет после моего первого визита. Я жаждал увидеть перемены, которые сопровождали смену режима и всей экономической системы.

Первый раз я был в России в 1976 году, мне только стукнуло 19. Я представлял молодежное крыло норвежской социал-демократической партии на так называемой Конференции мира[6], которая состоялась в Москве. Основная цель приезда для большинства из нас была — увидеть своими глазами, что же происходит за железным занавесом. Нам очень хотелось выяснить, можно ли было доверять коммунистической пропаганде за мир.

Я должен отметить, что мои ожидания не были завышены. Все это происходило в самое напряженное время эскалации политической риторики и гонки вооружений между странами Варшавского договора и странами НАТО. Я жил в одной из стран НАТО, имевшей общую границу с СССР, поэтому принял активное участие в дискуссиях по ядерной угрозе.

---

5   Речь идет о песне группы The Beatles "Back in the USSR". *Прим. перев.*

6   Под «конференцией мира» имеется в виду Конференция коммунистических и рабочих партий Европы, проводившаяся в Москве в 1976 г. *Прим. перев.*

3. Back to the USSR?

I know I've twisted the Beatles' title "Back in the USSR" a little. This is because I am afraid that the present Russian leadership is actually driving backwards and taking the country *back* to something that resembles the Soviet Union. But my chapter title also refers to when I revisited Moscow 36 years after my first visit. I was very excited to see what changes would have taken place with the change of regime and entire economic system.

My first visit to Russia was in 1976 when I was only 19 years old. I was representing the youth wing of the Norwegian Social Democratic party at a so-called "peace conference" that took place in Moscow, and most of us were participating with the chief aim of seeing what was going on behind the iron curtain. We wanted to find out if we could trust the communist peace propaganda.

I must admit that my expectations were not high. This was in the middle of a very tense time, amid escalation of the political rhetoric and the arms race between the Warsaw Pact and NATO. I lived in a NATO country that had common borders with the USSR and so I took active part in the discussions regarding the nuclear threat.

Следовало ли скандинавским странам объявить себя зонами, свободными от ядерного вооружения (запретив размещение американского ядерного оружия на своих территориях), как предлагало движение за мир (под прикрытием советских инициатив, как позже выяснилось)?

Каким должен был быть ответ НАТО Советскому Союзу на их новые ракетные комплексы РСД-10, способные за несколько минут достичь любой из европейских столиц? Комплексы РСД-10 стали первыми советскими ракетами, оснащенными твердым, а не жидким топливом: то есть их можно было привести в боеготовность сразу после поступления приказа, без потерь драгоценных часов на опасную работу по заправке ракеты жидким топливом. Ракетный комплекс РСД-10 обладал таким потенциалом, что смог бы разрушить все базы и установки НАТО без предупреждения.

Таким образом Советскому Союзу удалось угрозами точечных ядерных ударов упрочить свои позиции в области нейтрализации боевых ядерных сил НАТО. Что следовало предпринять НАТО и Западу — разрабатывать новые системы вооружения для пропорционального ответа, или же протянуть руку дружбы в доказательство того, что Запад никому не угрожает? Что на самом деле происходило в Советском Союзе? Кто стоял у руля? В лентах новостей все его лидеры представлялись полусумасшедшими стариками со слабым здоровьем.

Вот при таких обстоятельствах я в первый раз приехал в Москву. Меня встречали как важного политического гостя. Принимающей стороной были комсомольская организация и Всемирная федерация

Should Scandinavian countries proclaim themselves nuclear-free zones (prohibiting any deployment of American nuclear weapons on our territories), as was suggested by the peace movement (through an undercover Soviet initiative, as it turned out later)?

What should NATO's response be to the Soviet Union's new SS-20 missiles that could reach European capitals within a few minutes? The SS-20 missile was the first Soviet missile equipped with solid fuel instead of liquid fuel, which meant that it could be launched as soon as the order had been given instead of wasting hours doing the dangerous work of pumping the missile with liquid fuel. The SS-20 missiles had the capacity to destroy all NATO bases and installations with no warning.

Thus, the Soviet Union had acquired the capability to neutralize NATO's tactical nuclear forces with surgical nuclear strikes. Should NATO and the West deploy new weapon systems to respond to this, or should we reach out a friendly hand to try to prove that the West was not the aggressive party? What was really going on in the Soviet Union? Who was in charge? On news broadcasts they all seemed to be very old, half-senile men with obvious health problems.

It was in this climate that I arrived in Moscow. I was treated as an important political guest. Our hosts were the Komsomol (The Union's Leninist Young Communist League) and the World Federation of Democratic Youth.

демократической молодежи[7]. Как я потом не уставал повторять, название оказалось не соответствующим действительности: федерация вовсе не была *всемирной*, а принадлежала всего одной стране, она была скорее не *федерацией*, а жестким политическим кланом и уж точно не была *демократической*. Ну и на встречах не было видно никакой *молодежи* — все были значительно старше нас.

Даже несмотря на то, что организаторы нашего визита старались показывать Москву и социалистический рай с лучшей стороны, было невозможно не заметить, насколько все было убогим. Позже я сказал своим коллегам по политической деятельности, что Советский Союз никакая НЕ сверхдержава. «У них там даже туалетной бумаги нет, — делился я впечатлениями. — Люди подтирают зад газетой «Правда»! Как же такую страну можно считать сверхдержавой? Заберите у них ядерное оружие, и они ни для кого, кроме себя самих, не будут представлять угрозы». Я даже не догадывался, насколько это было правдой: не прошло и пятнадцати лет, как эта «сверхдержава» развалилась.

Конечно же, и в первый свой приезд я видел красивых девушек, но большинство сливалось с серой массой. Все эти люди выглядели несчастными страдальцами, будто их тайным желанием было оказаться в каком-нибудь совершенно ином месте.

---

7   Всемирная федерация демократической молодежи — международное объединение молодежных движений и партий. Основана 10 ноября 1945 года на Всемирной конференции молодежи, проводившейся в Лондоне. *Прим. перев.*

As I used to say afterwards, this was something of a misnomer as they were not the *World* but just one country, not a *Federation* but rather a strict political clan, not *Democratic*, and I saw no *Youth* in any meetings – everyone was much older than us.

Even though my hosts tried to show me the best side of Moscow and the Socialist paradise, it was impossible not to see that this was a poor and unhappy place. I later told my politics friends at home that the Soviet Union is NOT a superpower. "They don't even have toilet paper", I said. "People wipe their bums with a copy of Pravda! How can that count as a superpower? Take away their nuclear weapons and they are no threat to anyone but themselves". I didn't realize how true this was before the "superpower" collapsed less than 15 years later.

> "They don't even have toilet paper", I said. "People wipe their bums with a copy of Pravda! How can that count as a superpower?"

Of course I saw some beautiful girls at this time also, but most of them all looked the same, like a grey, homogeneous mass of people that looked as if they were suffering and all wanted to be somewhere else.

Еще до приезда в Советский Союз у меня не было никаких иллюзий ни по поводу этой страны, ни на счет коммунизма как такового, и мой визит лишь утвердил меня в моей позиции. Позже, принимая участие в подобных молодежных конференциях, я увидел такие страны, как Куба и Северная Корея, и это сделало меня еще более ярым сторонником либеральной демократии и капитализма.

Мой второй визит в Москву случился многими годами позже. Именно тогда я встретил свою будущую жену Аню.

Мне кажется, я влюбился с первого взгляда. Она работала личным ассистентом американского гуру менеджмента, моего партнера по бизнесу и на тот момент моего босса. Он попросил меня присоединиться к нему в Москве, чтобы помочь в крупном проекте по реструктуризации компании со штатом в 300 тысяч сотрудников и с офисами по всей стране.

Аня встречала нас в московском аэропорту Шереметьево (в том же самом Шереметьеве, куда я прилетел в первый раз в 1976 году).

Аня считает, что в тот день она выглядела ужасно (у нее было сильное воспаление глаза, пришлось даже надеть повязку), я же увидел очень красивую, умную и трудолюбивую молодую женщину. В свой первый приезд в Москву я не встречал никого похожего на нее, не видел таких красивых и стильно одетых женщин. И хотя до момента, когда нами завладели серьезные чувства, прошло некоторое время, стало ясно практически сразу, что между нами пробежала искра.

I had no positive illusions about the Soviet Union and communism before I visited it, and I was even more negative after my visit. I later visited places like Cuba and North Korea through similar youth conferences and it all made me a very firm believer and supporter of liberal democracy and capitalism.

My second visit to Moscow happened many years later. This was when I met my future wife, Ania.

I think I fell for her right away. She worked as personal assistant to my business partner and boss at the time, an American management guru. He had asked me to join him in Moscow to help him with a very large project, restructuring a company with 300,000 employees, located all over the huge country.

Ania, who is now my wife, met us at Moscow's Sheremetyevo airport (the same airport I arrived at in 1976).

Ania thought she looked terrible that day because of an eye infection and even had a bandage over her eye, but I only saw a very beautiful, smart and hard-working young woman. I hadn't seen anything like this, no such beautiful and well-dressed women, when I visited Moscow in the Soviet time. It took time before anything serious happened between us, but it was quite soon clear to us both that there was a strong mutual attraction.

4. Мою русскую жену понять непросто — и все же она настоящая женщина

Русские, как правило, весьма сдержанны, и сблизиться с ними довольно трудно. У русских женщин есть невероятная способность создавать впечатление Снежной королевы. И мне кажется, что это вдвойне так, если вы ей нравитесь! По крайней мере, с Аней именно так и было.

Она интроверт, и кажется, что она держит дистанцию, но и другие мужчины говорили, что со своими русскими женами они ощущали то же самое. Сближение заняло немало времени, но как только мы сблизились, я увидел и теплоту, и страсть.

Аня — преданный друг и партнер: она с одинаковым рвением будет и помогать советами, и критиковать меня. Нет такой боли, которая показалась бы ей незначительной и недостойной внимания. Любую рану она будет врачевать с усердием настоящего доктора. Я нахожу в ней преданность и самоотверженность, которые, без сомнения, генетически в ней заложены, да и вообще свойственны русской культуре.

Ане нравятся внимание и старая добрая галантность. Я люблю, когда она разрешает мне открывать перед ней двери и снимать с нее пальто. Она всегда говорит мне, что я джентльмен. Как это вдохновляет! Я отлично знаю, что она прекрасно может и сама о себе позаботиться, но она позволяет мне чувствовать себя настоящим мужчиной. И не просто мужчиной, а лучшим мужчиной на свете!

4. My Russian wife is hard to understand – but she is a Real Woman

Russians in general can be very reserved and it can be difficult to get close to them. A Russian woman has an incredible ability to create the impression of being an "Ice Queen". I believe this is especially true if she likes you! It was at least true with Ania.

She has an introverted personality that may give the impression of being distant, but I have had it confirmed from other husbands that they had the exact same experience with their own Russian wives. It took time to get close, but when I got close I found warmth and passion.

Ania is a devoted friend and partner: she will advise and criticize me with the same energy. No scratch or pain can be too small for her to take care of it with the skill and zeal of a concerned doctor. In her I see a devotion and commitment that is surely genetically coded or derived from the Russian culture.

Ania loves attention and good old-fashioned gallantry. I love her for allowing me to open doors and help her to get her coat on. She is always telling me that I am a gentleman. How rewarding that is! I know that she is able to take care of herself, but she makes me feel like a man. Not only like a man, but the very best man in the world!

Русские женщины, как правило, озабочены тем, как они выглядят. Так, для Ани важно безупречно выглядеть даже для банального похода в магазин. Каждый день новый наряд. Если сказать русской женщине, что она слишком озабочена своим внешним видом, она вряд ли уловит суть претензии. Скорее она спросит в ответ: разве плохо подчеркнуть свою красоту?

> **Если сказать русской женщине, что она слишком озабочена своим внешним видом, она вряд ли уловит суть претензии. Скорее она спросит в ответ: разве плохо подчеркнуть свою красоту?**

Когда Аня приехала ко мне в Швейцарию, и мы путешествовали по Европе, она частенько обращала внимание на то, как ужасно выглядят женщины. «Почему бы им не одеться получше и не привести себя в порядок? — спрашивала она. — Ведь они такие красивые, но им как будто хочется это скрыть!»

Слава Богу, моя русская жена ведет себя как истинная женщина и позволяет мне быть настоящим мужчиной. Джентльменом!

Russian women in general are passionate about how they look. For Ania, you need to look good even to go to the shop. A different outfit every day. If you challenge a Russian woman that she is too concerned with her looks, I don't think she'd get it. She'll challenge you back: why shouldn't I look beautiful?

When Ania came to live with me in Switzerland and we travelled around Europe, she often complained to me how terrible the women looked. "Why don't they dress well or take care of themselves?" she would ask. "They are so beautiful but it is as if they want to hide it away!"

Thank God, my Russian wife still behaves like a woman and allows me to be a (gentle)man.

5. Демонстрируя уважение к своей жене

Что касается уважения и внимания, то русские женщины совершенно этим не избалованы.

В русском языке существует понятие уважения, и распространенным вариантом понимания этого слова будет страх перед кем-либо. Есть такая русская поговорка: «Боится — значит уважает».

Когда я работал в России, я и сам имел возможность это наблюдать — обычно уважение понимается совершенно не так, как на Западе. Вызывать уважение — это значит, надо быть сильным, жестким, обладать хорошими связями и создавать вокруг себя атмосферу страха и зависимости.

Страх или смирение перед тем, кто вас унижает, совсем не исключают некоторой доли уважения, однако если вы кого-то боитесь, о взаимном уважении не может быть и речи. Очевидно, что тот, другой не уважает вас. Такое ложное понимание уважения убивает всякое творческое начало и стремление к новому. Страх — худший враг разума. Если вы хотите продемонстрировать своей жене уважение, очевидно, что вам не следует делать так, чтобы она вас боялась или же чувствовала свою зависимость от вас.

Итак, что же такое уважение? Для меня уважать человека значит прислушиваться к нему и принимать во внимание его мнение, стараться вникнуть в его слова, даже если вы при этом с ними не согласны. Это значит позволить человеку высказать свое суждение, не перебивая его. Если я не согласен, я никогда не скажу: «Я с тобой не согласен, все это глупости».

5. Showing your woman respect

Russian women are malnourished when it comes to respect and attention.

The Russian word for respect is уважение ("uvazhenie"). The popular Russian understanding of this word implies being afraid of someone. There is a Russian saying: Боится, значит уважает: "fear means respect".

I have seen this at close range when I worked in Russia: respect is generally understood in a very different way from in the West. To be "strong", tough, well-connected and to be able to create fear and dependency is commonly understood as being respected.

To be afraid of someone or bullied into submission by someone does not preclude some form of respect, but there is no mutual respect if you are afraid of someone. The other person is obviously not respecting you. This false understanding of respect kills creativity and innovation. Fear is the worst enemy of intelligence. It follows that if you want to show your woman respect you should obviously not make her afraid of you or feel dependent on you!

So, what is respect and what do I mean by it? Well, to respect someone, for me, means to listen and pay attention to his or her opinions and try to understand them even if I do not agree. It means to allow the other person to express their opinion without me interrupting. If I disagree, I don't say "I don't agree with you, this is so stupid".

Скорее я постараюсь сказать, что у меня другое мнение или видение ситуации. Это как если бы я попросил: «Пожалуйста, выслушай теперь мою позицию». Уважение также подразумевает постоянное приложение усилий к тому, чтобы не сказать невзначай что-то обидное или же негативное о характере другого человека, его личности, взглядах и ценностях.

К примеру, нельзя говорить «Какой ты глупый!» или же «Где тебе это понять, ты же женщина». Это самая неуважительная манера общения. А уважение больше всего касается именно общения: что именно мы говорим, как мы это говорим и когда.

В самом начале наших отношений с Аней я чувствовал некоторое смятение. Я, конечно же, всячески старался оказывать ей внимание и демонстрировать уважение, но мне все время казалось, будто она отвергала меня, или же будто в ее взгляде застыл немой вопрос: «Что тебе от меня надо?» И только спустя какое-то время я наконец понял, что она просто не привыкла к уважительному отношению со стороны мужчин. И к Ане не сразу пришло осознание того, что у меня не было тайных мотивов, что мое уважение к ней искреннее и неподдельное, и что я действительно хотел оказать ей внимание, стараясь выяснить, чем бы она хотела заняться, что есть, что смотреть и т.д.

Анина семейная история довольно типична для многих русских семей. Ее бабушка и дедушка в сталинскую эпоху были сосланы в Таджикистан. До сих пор в Аниной семье идет спор о том, что же в действительности произошло, и каковы были истинные причины высылки. Но как бы там ни было, им было запрещено жить в Ленинграде (сейчас Санкт-Петербург).

Ее дед с бабушкой основали университет в столице республики, Душанбе (в те времена — Сталинабад). Так получилось, что Анна родилась в Таджикистане, отдаленной и совсем небогатой

I would try to say instead that I have another opinion or view. It is as if I were asking the other person, "Please listen to my way of seeing this". Respect also implies avoiding saying anything hurtful or negative about the other person's character, personality, looks or values.

Never say, for example, "You are always so stupid"! Or, "You don't understand this because you are a woman". This is the most disrespectful way of communication. And respect is very much about communication: what we say, how we say it and when we say it.

In the beginning of my relationship with Ania I experienced something very confusing. I of course tried to show her both attention and respect, and she would always give me the impression that she was turning me down, or rather looking at me with an expression as if to ask, "What do you want from me?". It took me some time to understand that she was not used to being treated with respect by men, and it took time for Ania to understand that my respect for her was honest and genuine and that I really wanted to give her attention by finding out what she wanted to do, eat, see, etc. I had no ulterior motive.

Ania's family history is quite typical for many Russians. Her grandparents were exiled to Tajikistan during the Stalin era. There is still some dispute in Ania's family about the actual story and the real reason they ended up in Tajikistan, but the fact is that they were not allowed to continue living in Leningrad (today's St. Petersburg).

Her grandfather and grandmother established a university in the capital Dushanbe (at that time named Stalinabad) and so

центрально-азиатской стране (в советское время Таджикистан был одной из беднейших республик). Это мусульманская страна; она граничит с Афганистаном, Китаем, Киргизией и Узбекистаном.

Аня там выросла, а подростком уехала в Санкт-Петербург. Анина фамилия грузинская. Жить и взрослеть в СССР, когда в паспорте у тебя в качестве места рождения значится Таджикистан, да еще с грузинской фамилией — совсем непросто. По отношению к союзным республикам Советский Союз, как, собственно, и нынешняя Россия, был весьма шовинистски настроенным обществом — если не сказать расистским.

Аня делилась со мной множеством приятных воспоминаний детства, проведенного в Душанбе, рассказывала о вкусной еде, фруктах, запахах, климате. Однако же она помнит и о том, как местные мужчины неуважительно относились к женщинам и вели себя очень грубо даже по отношению к молоденьким девочкам, почти подросткам, еще не осознавшим собственной сексуальности. Она знала, что должна быть бдительной и не посещать в одиночку определенных мест.

До того, как мы с Анной встретились, она жила одна с дочкой, расставшись за несколько лет до этого с ее отцом. Мне не хотелось бы вдаваться в подробности этого периода ее жизни, скажу только, что Анина жизнь в Москве как матери-одиночки была очень трудной. Материального достатка тоже не было, так как найти работу, которая позволила бы содержать себя и ребенка, нелегко.

Если квартира не досталась в наследство, накопить денег на покупку своего жилья практически невозможно, а то, что доступно для найма, слишком дорого и, как правило, в плохом состоянии. Поэтому Аня с дочкой жили в разных местах, то с родителями, то с друзьями, пока, наконец, она не смогла подобрать подходящую съемную квартиру.

Ania was born in Tajikistan. Tajikistan is a remote and poor Central Asian country and in the Soviet time was one of the poorest republics. It is also a Muslim country sharing borders with Afghanistan, China, Kirgizstan and Uzbekistan.

Ania grew up there, and as a teenager she went to St.Petersburg. However, Ania's family name is actually Georgian. Growing up in the Soviet Union, having Tajikistan in her passport as place of birth and a Georgian surname brought her a lot of extra challenges. The Soviet Union was, as Russia is even today, quite a chauvinistic – some might say racist – society in relation to its satellite republics.

Ania has told me a lot of pleasant stories from her childhood in Dushanbe: memories of the food, fruit, smells and climate. But she also remembers how men in this culture too often disrespected females and behaved vulgarly even towards young pre-teen girls who had no awareness of their own sexuality. She understood that she had to be vigilant and not to go certain places alone.

Before Ania and I met, she lived alone with her daughter, having split up with the father some years previously. I don't want to write too much about this part of her life, but Ania's life as a single mother in Moscow was very tough.

She had no economic security, as it's hard to hold down a job to make a living with a small child. To make enough money to buy a flat is almost impossible and what is available to rent is expensive and as a rule in poor condition if you cannot afford to rent a really expensive flat, or unless you inherited a flat. Ania and her daughter therefore lived in various places with her family and friends, until she finally obtained an adequate rental flat.

Когда мы с Аней познакомились, любые попытки мужчин завоевать ее внимание воспринимались ею с нескрываемым скептицизмом. Наши отношения с течением времени развивались, но, как мне кажется, я с самого начала убедил Аню в том, что уважение, которое я ей оказывал, было подлинным. Как она однажды заметила, она не привыкла к такому отношению. Она говорила мне, что в какой-то момент жизни она перестала верить в любовь; она хотела хотя бы уважения, но не могла найти и этого.

Мужчины, как правило, не понимают, как много значат для каждой женщины доверие, уважение, внимание и порядочность. Время от времени мы совершаем поступки, которые, как нам кажется, производят впечатление на женщин, например, непристойно выражаемся или проявляем жесткость, но вообще-то все это снижает наши шансы на успех.

> **Порядочность – вот верный путь к женскому сердцу! Демонстрируйте ей свое уважение, дарите внимание, осыпайте искренними комплиментами и давайте понять, как вы горды самой возможностью находиться с ней рядом. Просто ведите себя как джентльмен.**

Порядочность — вот верный путь к женскому сердцу! Демонстрируйте ей свое уважение, дарите внимание, осыпайте искренними комплиментами и давайте понять, как вы горды самой возможностью находиться с ней рядом. Просто ведите себя как джентльмен. И будьте уверены: если остальных мужчин отличает некрасивое поведение, то вы в выигрыше по определению. В этом отношении русские женщины совсем не избалованы.

When we met, Ania was very skeptical of any attempt by a man to win her interest. Our relationship grew over time, but I believe that from the very beginning I convinced Ania that the respect I showed her was real. She has told me that she was not used to this. She told me that at some point in her life she stopped believe in love; she wanted at least to be respected, but couldn't even find that.

> My experience is that women are very easy to win over if you behave. Show them respect, give them attention and honest compliments and make them understand that you are proud to be with them. Simply behave like a gentleman.

What men in general do not understand is quite how much trust, respect, attention and good behavior means to any woman. We sometimes do things to impress women, like swearing or acting tough, which actually undermine our own good chances.

My experience is that women are very easy to win over if you behave. Show them respect, give them attention and honest compliments and make them understand that you are proud to be with them. Simply behave like a gentleman. And you know what, if other men behave badly, you have a very easy game. Russian women in particular are not spoilt in this regard.

6. I'm sorry[8]

Я не люблю ездить общественным транспортом. По правде сказать, я стараюсь этого избегать. Поэтому перерывы между моими поездками на общественном транспорте всегда довольно продолжительны, так что я никогда не знаю, как купить билет или найти дорогу. Всякий раз, когда я работал в Москве, за мной приезжал служебный автомобиль. Однако езда на автомобиле в условиях жутких московских пробок (трафик там всегда ужасный, в любое время) отнимает очень много времени. В метро шумно и многолюдно, но гораздо быстрее. Когда мы с Аней в частном порядке ездим по Москве, то обычно пользуемся метро.

Если какой-нибудь человек внезапно сталкивается со мной, и даже если при этом виноват он, я всегда прошу меня извинить. Думаю, это глубинный поведенческий рефлекс, с которым я вырос. Без сомнения, любой английский или канадский читатель меня поймет. Когда ходишь по людным московским улицам или ездишь в метро, то практически невозможно не столкнуться с кем-нибудь. И я всегда извинялся: «Sorry!»

Поначалу Аня ничего не говорила, но однажды у нее вырвалось замечание, в котором звенели нотки раздражения: «Перестань извиняться перед каждым первым встречным, люди подумают, что ты не в себе!» Я попросил ее уточнить, что она имела в виду. «Никто не будет извиняться за то, что столкнулся с другим человеком; люди могут подумать, что ты рассердился или что ты их обругал»,

---

8   Sorry (англ.) — «сожалею», «прошу прощения» — многозначное слово английского языка, употребляющееся в различных ситуациях при необходимости показать вежливое участие и принимающее значение сожаления (например, как при сочувствии потере, так и в неловкой ситуации). *Прим. перев.*

6. I'm sorry

I do not like to travel on public transport. As a matter of fact, I always try to avoid it. There is therefore a long time in between each time I do it, so I don't even understand how to buy a ticket or find my way. Any time I worked in Moscow, I got picked up by car. However, to navigate the terrible traffic in Moscow by car (it is always terrible, around the clock) can take ages. The metro system is noisy and crowded, but far more efficient. When Ania and I travel privately in Moscow we therefore usually go on the metro.

I always apologize when someone else bumps into me, even when it is obviously their fault. This is, I believe, a deep behavioral reflex I grew up with. Any English or Canadian readers will doubtless identify with me here. When you walk around the crowded Moscow streets and ride on the metro, it is almost impossible not to bump into people. I always used to say, "Sorry!"

In the beginning Ania didn't say much, but once she broke out with an irritable rebuke, "Stop saying that to everyone, they'll think you are crazy!". I asked what she meant. "No one says sorry just because they bump into each other; people probably think you are angry or that you are swearing at them", Ania replied. Aha! This was interesting.

— ответила Аня. Вот как! Это показалось мне интересным.

Я заметил, что люди разговаривали друг с другом только внутри семейного круга или с друзьями, в иной ситуации они старались не смотреть друг другу в глаза и ни за что не улыбались. Передвигаться в любом мегаполисе всегда проблематично, но лично для меня хуже всего дело обстоит в Москве. Причиной тому не столько вечные пробки и толпы, сколько суровые, не выражающие эмоций лица.

В общем, ладно, я понял: не стоит извиняться перед незнакомцами в метро.

Однако, как выяснилось, я все-таки понял не до конца.

Несколько месяцев спустя, после небольшой ссоры, которая, как выяснилось, выросла из взаимного недопонимания, я заметил Ане, что желал бы услышать от нее извинения.

— Но я не чувствую себя виноватой, — парировала Аня.

— Виноватой? Но я не прошу тебя почувствовать вину, я просто отметил, что ты рассердилась на меня по ложной причине, так почему бы тебе не выразить то, что ты сожалеешь об этом?

Тогда Аня заметила:

— Мы выражаем сожаление, только если кто-нибудь умер, но ты же жив, о чем же я должна сожалеть?

— Что?!

— Да, сожаление означает, что мы выражаем сочувствие и соболезнования человеку в связи с его утратой.

— Что же вы говорите в том случае, если вы сделали другому человеку больно или же вышли из себя и наговорили глупостей, а впоследствии об этом пожалели?

— Мы говорим «пожалуйста, прости меня», — сказала Аня.

Вот это да!

I could see that no one was talking to each other, unless they were travelling together as friends or family, and no one even looked at each other, no one was smiling. It is a real pain to get around in any mega city, but in my opinion Moscow is the worst. What makes it so bad is not only the traffic and the crowds, but even more the rough and expressionless faces.

So, okay, I got it: don't say sorry to strangers on the metro.

However, it turned out that I actually didn't quite get it.

A few months later I remarked to Ania that I wished she would apologize after we had a small fight over what turned out to be a misunderstanding.

"But I don't feel guilty", Ania said.

"Guilty?!" I replied, "I don't ask you to feel guilty but you just admitted that you were upset with me for the wrong reason – why are you not sorry for that?"

"We only say we are sorry when someone is dead" Ania said. "You are still alive, why should I say I'm sorry?"

"What?!"

"Yes, sorry is only for when we express our sympathy and condolences to someone for their loss".

"So what do you say when you know that you hurt someone or when you know that you lost your temper and said something stupid that you regret afterwards?"

"We say, "Please forgive me"", Ania said.

"Wow!"

Может быть, я немного преувеличиваю, но, как мне показалось, я вдруг понял, где проходит грань между традициями, отличающими русскую культуру, от того, что я, упрощая, называю культурой европейской. (Я, конечно же, знаю, что между европейскими странами есть большие расхождения в системе ценностей и культурных кодах, но у нас есть и набор общих, ключевых ценностей.)

Прежде всего, для меня как для европейца существует большая разница между словами прощения и фразой «I'm sorry». Слово «sorry» довольно затертое: мы с легкостью бросаем его направо и налево с тем, чтобы окружающие чувствовали себя комфортно, чтобы убедиться, что никто не обижен, и что таким образом наши тылы прикрыты. Мы можем сожалеть о мириадах незначительных вещей и ситуаций без побуждения к излишнему самокопанию. Однако попросить у кого-то прощения означает признать серьезность своего проступка и при этом еще перенести ответственность за активный выбор на другого человека.

> **Я считаю, что просить прощения можно только у Бога.**

Вы не признаете собственной вины, и у вас нет побуждения к раскаянию. «Обиженный» человек в таком случае вынужден принимать решение, прощает он вас или нет. В экстремальных ситуациях человек может стать жертвой насилия, и насильник же будет просить прощения. Все это в конечном счете ляжет дополнительным бременем на плечи жертвы, потому что ее же, против ее воли и внутренних желаний, как будто толкают сказать: «Да, я прощаю тебя».

Я считаю, что просить прощения можно только у Бога.

Я предполагаю, что русские не очень и стремятся просить прощения, поскольку интуитивно ощущают, что есть риск услышать «нет». Это всегда унизительно — признавать свою неправоту, и еще

Maybe I am over interpreting here, but all of a sudden I think I understood a facet of the values that make Russian culture very different from what I for simplicity call the European culture. (I know that values and cultures differ a lot between different European countries, but we have some core values that we share).

First of all, for me as a European there is a huge difference between asking for forgiveness and saying sorry. "Sorry" is a fairly disposable word: we throw it around in public to put others at their ease, to make sure no one is offended, to cover our backs. We can be sorry for a million tiny things without prompting so much as a second of soul searching. But if you ask someone to forgive you, the crime is likely to be more significant, but you transfer the responsibility on to the other person to make an active choice.

You have not admitted your own conception of your guilt, and there is no admission of contrition. The "insulted" person in this case has to decide if he/she will forgive you or not. In extreme cases you could have a person who was, let's say, abused, and the abuser asked her to forgive him. All this has accomplished is to add an extra burden to the abused because now she, against her will and all her instincts, feels forced to say yes, I forgive you.

> **In my opinion you can only ask God to forgive you.**

In my opinion you can only ask God to forgive you.

My guess is that Russians are not very willing to ask for forgiveness either, because they intuitively feel that there is always the risk that the other person will say no. It is already humiliating to have to admit you're wrong, and it is potentially even more humiliating

более унизительно, если человек, с которым вы только что ссорились, скажет вам «нет». Вы передаете всю власть над ситуацией другому.

Между прочим, православные христиане каждый год перед началом Великого поста в последний день масленичных гуляний собираются в церкви на Прощеное воскресенье — попросить друг у друга прощения. Эту традицию переняли и неверующие, и раз в год все родственники и друзья просят прощения друг у друга.

Возможно, это лучше, чем ничего, и такой способ может быть довольно эффективным. Просить прощения у Бога и у окружающих раз в году сразу за все!

Думаю, мне удалось понять, почему из русского человека так трудно вытянуть слова извинения. Кажется, что в этой культуре сожаление, прощение и извинение смешаны с чувством вины. Кстати сказать, русские очень боятся быть в чем-либо обвиненными. Возможно, это результат российской истории — истории обвинений и наказаний.

Для Ани это обсуждение тоже стало откровением: оказывается, извиниться совсем не то же самое, что быть обвиненным или виноватым. Так мы разобрались в одном из наших ключевых расхождений. Сейчас Аня лучше понимает, почему я часто говорю «sorry» даже при весьма незначительных поводах, а мне понятно, почему раньше ей это было так трудно, почти невозможно сказать.

if the person you just had a big fight with says no, I will not forgive you. You hand all the power to the other person.

By the way, Orthodox Christians gather annually at church specifically to ask forgiveness from one another on "Forgiveness Sunday", on the last day of the Maslenitsa festivities, before the beginning of the Great Lent. Even non-believers have adopted this tradition, and friends and family formally beg forgiveness from each other on this day once a year.

Well, maybe that's better than nothing, and it could even be quite an efficient way to do it! Issue a general request once a year to beg forgiveness from God and from everyone else, for everything, to cover all the bases.

I think I understand now why it is so difficult to extract an apology of any kind from a Russian. The culture seems to confuse regret, forgiveness and apologies with guilt. By the way, Russians are extremely afraid of being accused of being guilty. This is probably an effect of the Russian history of blaming and prosecution.

For Ania this discussion was also an insight, that being sorry is not the same as being accused or being guilty. This is an insight into one of our key differences. Ania now understands better why I often say I am sorry for fairly trivial things, and I in my turn see why for her it used to be almost impossible.

7. Ты счастлива?

Вначале наших отношений у нас всегда находился повод для праздника. Например, когда Аня получила свои швейцарские водительские права или когда у нее появился свой автомобиль, мы все это отмечали. Как это водится в Европе, я спрашивал ее: «Ты счастлива?» Она обычно отвечала: «Я не знаю». Меня это расстраивало. Мне казалось, что она неблагодарная, или же у нее чаще, чем мне хотелось бы, меняется настроение.

Но я ничего не говорил, никак не комментировал. Однажды она спросила меня: «Почему ты все время спрашиваешь, счастлива ли я? Что такое счастье? Люди не могут быть счастливы. И уж наверняка не могут быть счастливыми постоянно!» Что ж, ладно. Я никак не ожидал подобного всплеска эмоций, особенно если учесть, что у нас был настоящий повод для праздника! И мне казалось, это была вполне достойная причина нам обоим почувствовать себя счастливыми. И к тому же каждому человеку хочется знать, что его партнер счастлив. Всем нам важно знать, что все, что мы делаем для партнера, ему на самом деле нужно и важно.

Этот эпизод заставил нас с Аней поговорить о том, что такое счастье. Я заметил, что вовсе не ждал, что она будет счастливой *постоянно*. Это невозможно, и ей не нужно чувствовать себя виноватой из-за того, что она не испытывает непрекращающегося счастья. Но ведь не позволять себе быть счастливым тоже неправильно!

Аня же мне объяснила, что никто никогда не задавал ей этого вопроса в России.

— Может, я и исключение, — заметила она. — Но все же я уверена, что русские не задают друг другу такого вопроса. Почему?

7. Are you happy?

In the beginning of our relationship there was always something to celebrate. When Ania for example got her Swiss driving license or her car we had a little celebration. As people do in Europe, I would ask her, "Are you happy?". She usually answered, "I don't know…". This was quite upsetting for me. I thought she was ungrateful or even too moody for my taste.

But I bit my tongue. Once she replied, "Why are you always asking me whether I'm happy? What is happiness? People can't be happy. At least, not all the time!" Okay… I was not expecting this eruption when we actually had something nice to celebrate and something that, in my perspective, was well worth her happiness and mine. In addition, everyone wants to know their partner is happy. You want to know you really make someone happy, if that is indeed what you try to do.

This gave us the opportunity to discuss happiness. I had to explain that I didn't expect her to be happy *all the time*. That is impossible, and she shouldn't feel guilty if she did not. On the other hand, to never allow yourself to simply feel happy is no good either.

Ania explained to me that no one had ever asked her this question in Russia.

"Maybe I am not typical", she explained, "but I believe Russians would never ask each other this question. Why? Well, perhaps

Возможно, потому, что у нас не так уж много поводов для счастья, но скорее все же потому, что это стало частью культуры. В определенный момент совсем недалекой истории выглядеть слишком счастливым могло быть опасно. Отношение к жизни было серьезным, и политика пронизывала каждый ее аспект. Более того, все эти западные штучки про «ощущение счастья» на первый взгляд кажутся неестественными, неискренними, не идущими из глубины сердца. Со стороны кажется, что улыбки «натягиваются» на лицо, и разные «приятности» говорятся друг другу не от всей души, а просто от желания понравиться. Желание притворяться счастливым — часть вашей культуры.

Ничего себе! Это был совершенно неожиданный поворот. Должен отметить, что это довольно-таки странный подход к счастью.

По правде сказать, я согласен с тем, что в западном мире слишком много энергии тратится на поиски счастья. Я могу допустить, что мы боимся заскучать и стремимся переживать взлеты настроения как можно чаще. Но перескочить от этого к мысли, что, спрашивая человека, счастлив ли он (или же делясь с ним своим счастьем), мы делаем это неискренне, не от чистого сердца… Это уж слишком.

Во всех международных опросах по поводу счастья (например, индекс счастья ООН) высоких показателей достигают одни и те же страны. Обычно это Скандинавия, Швейцария, Канада… Россия всегда ближе к концу списка.

Но что же значит счастье на уровне государства? Конечно, это сложный вопрос. Я считаю, что важны такие факторы, как доверие, уважение, предсказуемость (без которой не может быть доверия), надежда, социальное равенство и справедливость. Если всего этого в обществе недостаточно или же все эти факторы имеют отрицательные показатели, это сказывается на показателях уровня счастья. Если счастья в масштабах страны не хватает, то это будет весьма заметно

because there is not much to be happy about, but most of all because it has become part of our culture. At a certain time in our quite recent history it was even dangerous to appear too happy. Life was serious and politics were involved in every aspect of it. And, even more so, we consider it a very superficial, insincere, "western" thing to "be happy", a feeling that isn't from the heart. We believe you just put on a smile for each other and say nice things to each other, not because you really mean it, but because you want to please each other on the surface. To pretend to be happy is part of your culture", Ania said.

Wow… That was quite an unfamiliar way for me to see it. Strange approach to happiness, I must say.

True, I do think that too much energy is expended on seeking happiness in the western world. Granted, we may be afraid to be bored and we want to experience "highs" as often as possible, but to jump from that to think that we don't ever really mean it when we ask someone if they're happy or when we say "I am so happy"… Yes, that is a tough call.

In any international polls about happiness (for example the United Nations Happiness Index) the same nations always score the highest points. It is usually the Scandinavian countries, Switzerland, Canada… Russia is always very far down the list.

What does happiness mean at a national level, however? It is a complex issue of course, but I believe factors such as trust, respect, predictability (which in many ways is the precondition for trust), hope, social equality and fairness are important. If all of these factors are absent or even negative in a society, levels of happiness

отражаться на уровне отдельной личности, на каждом конкретном человеке. Так и зарождается культура несчастья.

Также существует такое явление, как «формально несчастные народы»: у них упомянутые ранее факторы отсутствуют, но люди, тем не менее, умудряются чувствовать себя счастливыми, например, в кругу своей семьи или друзей.

В этих странах, как правило, слабо развиты государственные институты, которые не вмешиваются в частную жизнь, и люди сами решают свои проблемы с помощью социальных контактов, друзей и родных. Иными словами, люди уверены, что они сами могут справиться со своими проблемами. У них на личностном уровне сохраняются рычаги контроля над ситуацией, что, как мне думается, много дает для ощущения счастья.

> **Ничто так не расстраивает человека, как ощущение беспомощности, когда он оказывается лицом к лицу с проблемой, своей или чужой, и при этом не может совершенно ничего предпринять, чтобы хоть как-то исправить ситуацию.**

Ничто так не расстраивает человека, как ощущение беспомощности, когда он оказывается лицом к лицу с проблемой, своей или чужой, и при этом не может совершенно ничего предпринять, чтобы хоть как-то исправить ситуацию.

Гораздо сложнее сберечь ощущение счастья там, где сильнее чувствуется влияние неэффективно организованной государственной машины (даже несмотря на ее слабую функциональность), которая своим бюрократизмом и непредсказуемостью вмешивается в частную жизнь.

will suffer. If happiness at the national level is low it will start to affect everyone at the individual level. It will become a culture of unhappiness.

There is also such a thing as "officially unhappy nations" where the factors mentioned above are missing but people manage to be happy anyway at the individual level, for example together with their friends and families.

However, these are usually nations with very weak official institutions that don't interfere in people's personal lives, and where people solve their challenges through their social networks, friends and families. So, people still feel they can do something to solve their problems. They still have some kind of control at the individual level, which I believe is a big contributor to happiness.

Nothing makes me unhappier than to be confronted with a problem, my own or someone else's, that I cannot do at least something about in order to make it better.

> **Nothing makes me unhappier than to be confronted with a problem, my own or someone else's, that I cannot do at least something about in order to make it better.**

Where you have a stronger influence from a dysfunctional public sector which (in spite of its non-functionality) interferes with your personal life through bureaucracy and unpredictability, then it is much, much more difficult to keep the spirit of happiness.

Как сказала Аня, в России трудно чувствовать себя счастливым, потому что ты ничего не можешь изменить. И вполне возможно, что несчастным может себя чувствовать даже тот, кто принадлежит элите, поскольку доминирующим чувством становится страх. Страх лишиться своих привилегий, страх ослабления своего положения в обществе из-за изменений в законодательстве, экономических кризисов, валютных ограничений и т.п.

Непредсказуемость — вот вероятная причина российского пьянства: пьют не для того, чтобы отметить радостное событие и не с целью дополнить вином хорошую еду, а, скорее, чтобы утопить свои проблемы. Если люди видят проблеск счастья, только когда они пьяны, алкоголизм легко может превратиться в заразную болезнь, как это и произошло в России.

In Russia it is difficult to feel happy because you cannot change anything, Ania said. And if you belong to the elite you probably feel miserable also, because you are afraid. Afraid that your privileges will be taken away from you or that your social position will be undermined, through legislation, economic crises, currency restrictions or whatever.

Unpredictability. This is maybe why so many Russians drink – not to celebrate happiness or because they see alcohol as a part of a good meal, but rather to drown their problems. Anywhere people only see a glimpse of happiness when they are drunk, then alcoholism can easily become the same dreadful disease that it is in Russia.

8. Семья + друзья = российская система безопасности

Русские помогают друг другу. Они могут проделать долгий путь — и это не фигура речи! — чтобы помочь едва знакомым людям. Даже финансовые проблемы разрешаются с помощью дружеских личных связей. У Ани есть подруга, которой на поздней стадии беременности установили, что ее еще не родившийся ребенок страдает расщеплением позвоночника (spina bifida).

Это очень серьезный дефект, который мог бы иметь весьма печальные последствия для ребенка. Женщина выяснила, что существует возможность прооперировать еще не рожденного ребенка за два месяца до его появления на свет. Операции проводятся в Цюрихе, в Швейцарии (кстати сказать, сейчас их делают и в России, но все же не так успешно, как в Швейцарии).

Серьезным препятствием, тем не менее, оказалась цена в 85 тысяч швейцарских франков, или в 6 миллионов 300 тысяч рублей (пребывание в швейцарской клинике в течение нескольких месяцев и роды там же). Деньги необходимо было внести до операции, и до истечения срока оставалось всего несколько дней. Это не та сумма, которой обыкновенно располагает человек, особенно в нынешней России во времена кризиса. Что могла поделать умная и предприимчивая будущая мама?

Она разместила информацию во всех социальных сетях, а одна из самых читаемых в России газет вышла со статьей, рассказывающей ее историю. Статья была на редкость трогательной, ее тоже растиражировали в социальных сетях. Через трое суток необходимые деньги были собраны!

8. Friendship and family = the Russian social security system

Russians help each other. They will go a long way – literally – to help even remote acquaintances solve practical problems. Yes, even financial problems can find their solution through friendship and personal networks. Ania has a friend who in the late stage of her pregnancy found out that her child would suffer from spina bifida.

This is a serious condition that would have serious consequences for the child. She found out that it is possible to operate on the unborn baby two months before birth. Surgery is performed in Zürich, Switzerland (and by the way now also in Russia but without the Swiss record of success).

The real problem however is that the cost is CHF 85,000 (including staying in Switzerland for several months and giving birth there), which translates to RUB 6.3 million. The money had to be paid prior to surgery and the deadline was only days away. This is not the sort of money anyone has just lying around, especially not if you are Russian today with the ongoing recession. What could she do?

Well, she posted to her friends and contacts through all the different social networks in Russia. She is a smart and entrepreneurial woman and made sure that one of the most popular newspapers in Russia carried an article about her situation, a very good and touching article, and this was also published through the social networks. In less than three days the money had all been collected!

Совершенно незнакомые люди присылали ей значительные суммы. Ей даже пришлось просить прекратить отправлять деньги, потому что их оказалось больше, чем требовалось. Возможно, подобные массовые пожертвования существуют и в других странах, мне просто о них неизвестно, но я убежден, что это типично русский способ решения проблем такого рода. И среди Аниных знакомых такой способ вполне распространен.

Отсутствие эффективно функционирующей системы социального обеспечения заставляет людей самостоятельно развивать эту чрезвычайно важную общественную структуру. На деле такая взаимная страховка означает: «Я помогу тебе, когда это потребуется, потому что ожидаю, что когда мне будет нужно, ты тоже придешь мне на помощь».

Подобная практика должна быть организована либо через систему социальных органов, либо с помощью частного страхования, однако в России оба варианта слабы и неразвиты, поэтому людям приходится самостоятельно искать решение.

Если бы в Скандинавии человеку пришло в голову просить денег на операцию через фейсбук, то, вероятно, у него ничего бы не вышло. Во-первых, там функционирует система социального здравоохранения, а большинство людей к тому же имеет частные страховки. Но важнее всего, что в Скандинавии подобные действия рассматривались бы как социально неприемлемые.

Система социальной помощи базируется на идее равных прав для всех, независимо от личного экономического статуса или ситуации. Богат ли человек, беден ли — права одинаковые. Эта идея (или идеология, если угодно) восходит к ранним стадиям благосостояния государства, когда люди подвергались общественному порицанию и унижению, если им требовалась помощь для решения их социальных

People who didn't even know her sent very large amounts. As a matter of fact she had to ask people to stop donating because they received more than needed. Maybe this kind of mass donation also exists in other countries, I honestly don't know, but I am convinced that this is a typical Russian way to solve this kind of problem.

I have seen several examples through Ania's network. The lack of a good and functional social security system has made it a necessity for people to provide this critical service themselves. In reality this is what mutual insurance means: "I will help you when you need it, because I expect you to help me when I need it".

It is supposed to be organized through either a social government system and/or a private insurance system, but in Russia both alternatives are weak and insufficient, so people have to find the solution themselves.

In Scandinavia it would probably not go down well if someone asked through social networks such as Facebook for donations to undergo surgery. First of all there is a social health system in place and many people today have additional private insurance. But most of all, it would just be considered socially unacceptable in Scandinavia.

The welfare system is based on equal rights for everyone, independent of their personal economic status/situation. Whether you are rich or poor, you have the same rights. The idea (or ideology if you like) goes back to the early stages of the welfare state where people who really needed help to solve social or health problems

проблем или же проблем со здоровьем, и если при этом они получали в какой-либо форме социальную помощь.

Именно поэтому доступ к системе социальной защиты и системе здравоохранения, в конце концов, стал всеобщим правом. Это означает, что, например, в Норвегии любой человек, имеющий ребенка младше 18 лет, получает ежемесячное государственное пособие от государства. Даже миллиардеру *приходится* получать такой чек.

Это делается для того, чтобы не выставлять на всеобщее обозрение тех, кто действительно нуждается в помощи. Образование, услуги больниц и медицинских центров — все основано на одном и том же принципе. Можно что угодно думать об этой идее, но на деле она требует солидарности и преодоления коррупции, а также отказа от особого статуса или привилегий для какой-либо социальной группы. Также это требует высоких налогов и такой системы, которая была бы конкурентной и гарантировала бы качество для обеспечения всех одними и теми же выплатами.

Скандинавская система далека от совершенства, и тенденция такова, что люди, имеющие финансовые возможности, продумывают свои собственные методы обеспечения безопасности, например, посредством дополнительного страхования. Со временем я все более критически отношусь к этим «универсальным правам», финансируемым за счет постоянно повышающихся налогов. Однако во многом это как раз та самая система, которую Советский Союз *декларировал* своим гражданам как успешно функционирующую, но никогда не бывшую таковой на практике — ее подрывали коррупция и бесчисленные привилегии, данные конкретной группе людей.

Да, системы здравоохранения, социальной защиты и образования использовались в Советском Союзе в качестве неформальных поощрительных стимулов. Вся система недополучала финансирование,

would be stigmatized if they were seen as receivers of social help.

This is why access to social and health services was eventually made a universal right. This means that in e.g. Norway everyone with a child under the age of 18 receives a child allowance payment from the government every month. Even if you are a billionaire you *have* to receive the check.

This is in order not to stigmatize those who really need it. Education, hospital and healthcare services are all based on the same principles. You can think whatever you want about this idea, but the fact is that it requires real solidarity without corruption and with no special treatment or privilege given to any group. It also requires high taxes and a system that is competent and delivers quality in order to guarantee the same benefits to everyone.

The Scandinavian system is far from perfect and the tendency is that people who can afford it have private backup through insurance. I myself am increasingly critical of these "universal rights" financed through ever-increasing taxes. However, in many ways this is the system that the Soviet Union *told* its citizens that it had, but in reality never had, because it was undermined by corruption and privileges given to certain groups of people.

Yes, healthcare, social benefit and education were even used as an informal reward system in the Soviet Union. The system was also underfinanced, probably because all resources disappeared into the bottomless armed forces and into the ruling class's Swiss bank

возможно, и потому, что ресурсы тонули в бездонных нуждах армии и оседали на принадлежавших правящему классу счетах в швейцарских банках. Если вам интересно мое мнение, то я склонен думать, что в современной России все осталось по-прежнему.

Поиск решения любых проблем Аня всегда начинала с их обсуждения в русском интернет-сообществе. Сначала меня это жутко раздражало, потому что я обычно пользовался иным, более простым и логичным, на мой взгляд, способом поиска ответов на вопросы.

Я знал, что если мне нужно сделать *то-то* и *то-то*, то следует просто набрать *этот* номер или обратиться по *такому-то* адресу. А вот для Ани было трудно представить, что можно получить честную консультацию, к примеру, врача или же какого-нибудь официального учреждения. Она предпочитала советоваться в интернет-сообществе.

У Ани есть печальный опыт обращения к российской системе здравоохранения. На основании ее жалоб на боль в груди ей поставили диагноз: рак молочной железы. Без каких-либо объяснений и без анестезии врач воткнул ей в грудь толстую иглу, чтобы взять биопсию. Боль была просто нестерпимая, с Аней случился травматический шок. После этой процедуры грудь почернела.

Спустя несколько дней ей сказали, что результаты неутешительные и что ей необходима мастэктомия[9], на всякий случай. В состоянии шока и в сомнениях, она вскоре вновь пришла на прием, где ее появление восприняли с нескрываемым раздражением. Ее отправили сдавать разнообразные анализы (крови и мочи).

---

9   Мастэктомия — ампутация молочной железы. *Прим. перев.*

accounts. If you ask me, it looks like they have kept this system in the Russia of today.

Ania always wants to communicate with her Russian online network to find the solution to all kinds of problems. In the beginning this annoyed me very much, because I usually had another – and in my opinion easier and more logical – way to find the answer or to solve the challenge.

I knew that if you need to do *this*, you call *that* number or go to *this* address. However, for Ania it was almost unthinkable that you would get an honest service from a doctor, say, or an official office. She preferred to get advice from her network.

Ania has terrible personal stories about how she was treated in the Russian healthcare system. She was once diagnosed with breast cancer based on a pain she had in her breast. With no explanation or anesthesia, the doctor stuck a thick needle into her breast to take a biopsy. The pain was terrible and the shock was traumatic. Her breast turned completely black afterwards.

A few days later she was told that the results were not good and that she should have a mastectomy, just in case. In shock and disbelief she entered the hospital again shortly afterwards where she was treated like an unwelcome annoyance. She had to endure a myriad of different blood and urine tests.

Выстояв огромную очередь, она была еще вынуждена заплатить уйму денег за все «необходимые» анализы. Она уверена, что для медицинского персонала это был самый верный способ дополнительного заработка.

Далее Аня снова в буквальном смысле слова оказалась в очереди вместе с другими женщинами, находящимися в такой же ситуации, на осмотр к медсестре, которая, не утруждая себя лишними объяснениями, пропальпировала грудь и изрекла: «Благодари Бога, что нет метастазов, но все же грудь лучше удалить, просто чтобы жить спокойно. Есть ли рак, можно будет выяснить только после удаления груди и ее последующего исследования».

Аня была в шоке, что вполне понятно, и все же приняла решение не делать предложенной операции. Из своего предыдущего опыта она знала, как плохи отечественные больницы, и решила, что уж лучше жить с риском развития онкологического заболевания, чем рисковать последствиями неправильного лечения в стационаре.

Когда Аня переехала в Швейцарию, и я узнал об этой ее истории и о годах переживаний, в течение которых болезнь висела над ней дамокловым мечом, я сразу же организовал ей все необходимые медицинские обследования — все, что было нужно. Конечно, напуганная своим печальным российским опытом, она была в ужасе, особенно от предстоящей ей биопсии.

Между тем само обследование существенно отличалось от ее предыдущего опыта. Ее встретила очень приятная женщина-доктор, которая мягко и подробно объяснила ей все ожидающие ее процедуры. Ане сделали обезболивающий укол, и она едва почувствовала

She was put in line and she had to pay a fortune to get all these "necessary" tests. She is quite sure this is how healthcare personnel make their extra income.

She was literally put in a line with other women in the same situation and sent in to a nurse who without any introduction checked her breasts and after feeling all over said, "Thank God there are still no metastases, but we had better remove both breasts, just to be sure. We can only find out if you really have cancer by removing the whole breast and then checking it".

Ania was understandably in shock but there and then made the decision not to go through with the surgery. She knew from previous experience how bad the hospitals could be, and thought it's better to live with the risk of having cancer rather than the risk of being mistreated at the hospital.

When Ania moved to Switzerland and I learned about this, and about her years of worry that she was living with cancer, I immediately made sure she got an appointment to make a thorough check, of everything. Based on her experience in Russia she was terrified of course, especially of the biopsy.

However, the routine couldn't have been more different. She met a very empathetic female doctor who spent a lot of time explaining the procedures. She got an anesthetic and could hardly feel the biopsy. Her breast only got a small blue point afterwards. The main thing was that all the test results, from the various scans,

биопсию, а после на груди остался слабо заметный синячок. Самым важным, конечно же, стало то, что все анализы, от крови и УЗИ до биопсии, подтверждали: все было в порядке! Слава Богу!

И слава Богу, что она не согласилась на удаление груди в России! Значит ли это, что рак груди рассосался сам собой? По крайней мере, мне не доводилось о таком слышать. Единственное возможное объяснение, которое приходит на ум: результаты анализов в России были либо ошибочными, либо умышленно подтасованными.

ultrasound, blood tests, biopsy and so on, proved one thing: there was nothing wrong! Thank God.

And thank God she didn't go through with getting both breasts removed in Russia! Does that mean the breast cancer disappeared by itself? Well, I have never heard of that before. The only other explanation is that the test results from Russia were either wrong or deliberately falsified.

9. Доверие и жизнь в Москве

Хотелось бы вернуться к системе страхования. Как только Аня переехала жить в Швейцарию, мы купили ей автомобиль. До того, как связаться с нашей страховой компанией, я попросил Аню найти документы, подтверждающие, что в России в течение ряда лет у нее была страховка. Аня ответила, что все не так просто, как кажется. Что же именно не просто?

— Знаешь, — сказала она, — у меня даже был свой личный страховой агент, через которого я оформляла страховку на машину. Раз в год он приходил ко мне домой, чтобы продлить мой полис. Он обладал всей необходимой информацией, и я ему полностью доверяла, он все делал очень профессионально. Он предупредил меня, что если мне потребуется связаться со страховой компанией, нужно будет действовать через него — нужно только позвонить напрямую ему, и он лично проведет мой запрос через систему, быстро и без нервотрепки.

Я каждый год подписывала новый договор, даже угощала его кофе, и поскольку Россия была и остается по преимуществу страной наличных денег, я платила ему взносы «живыми» деньгами.

— И вот однажды, — продолжала Аня, — я обнаружила свою машину немного помятой: кто-то ее поцарапал и, конечно, не оставил никакой записки. Я попыталась связаться с агентом. Он не ответил на мой звонок, и тогда я позвонила напрямую в страховую компанию. Когда я назвала его имя, мне сказали, что такой человек у них никогда не работал! И тогда я поняла, что меня попросту дурачили много лет, и в действительности у меня никогда не было автомобильной страховки. В Москве, не где-нибудь!

9. Trust and living in Moscow

I'd like to return to the insurance system. When Ania moved to Switzerland we bought a car in her name. Before I talked with our insurance company I asked Ania to get proof from Russia that she had had car insurance for many years. Ania told me that's not as easy as it sounds. Why ever not?

"Well", she said, "Let me tell you that I had a personal insurance agent who I signed my car insurance through. He came to my house once a year to renew the agreement. He had all the necessary credentials and handled it very professionally. He told me that if I ever needed to get in touch with the insurance company, I should call his direct number and he would personally take my request through the system quickly and with no hassle.

I signed the agreement each year, even served him coffee, and since Russia was – and still is by the way – a cash-based society, I paid him the premium in cash".

"One day" (continued Ania), "My car got slightly damaged: someone had driven into it, without leaving a note, of course, and I tried to get in touch with the agent. He didn't pick up my call so I called the insurance company directly. When I asked for his name they told me that no such person had ever worked for this company! I realized I had been fooled for years and that I had actually never had any car insurance. In Moscow, of all places!"

Когда живешь в Москве, приходится быть жестким. Это жестокий и беспощадный город. Там можно достать все что хочешь, в любое время суток, в любой день недели, если, конечно, есть чем платить. Однако так же легко можно нажить себе неприятности и оказаться обманутым, облапошенным, а потому приходится учиться быть жестким и всегда держать в голове, куда лучше не ходить и чего лучше не делать.

Официально в Москве проживает 17 миллионов человек в зоне Московской агломерации и более 12 миллионов — в пределах самого города. Таковы официальные цифры. Мэр Москвы Сергей Собянин в частной беседе сказал мне, что, вполне вероятно, население города близко к 20 миллионам. Он же говорил, что у Москвы есть три самые большие проблемы — это коррупция, размер административных департаментов и размер города. Я полагаю, что это и вполне адекватное описание проблем России как таковой, однако пока давайте остановимся на Москве.

20 миллионов человек! В одном месте, в одной административной единице. Это население Норвегии, Швеции и Дании, вместе взятое.

Жить в Москве означает жить в атмосфере постоянного напряжения. Человеку постоянно приходится быть начеку, чтобы не оказаться жертвой обмана, издевательств или нападения. В таких обстоятельствах очень сложно доверять незнакомцам. Лучше и не доверять, так, на всякий случай. Несмотря на то, что Аня, чтобы избежать обмана и надувательства, была осторожна и осмотрительна, ее все-таки обвели вокруг пальца.

If you live in Moscow you have to be tough. It is a brutal and unforgiving city. You can get anything you want at any time, 24 hours 7 days a week, if you can pay for it, but you can also get into trouble and be tricked or swindled, so you have to know how to be tough, where not to go and what not to do.

Officially Moscow has 17 million residents within the greater metropolitan area and more than 12 million within the city limits alone. These are the official numbers. The mayor of Moscow, Sergey Sobyanin, personally told me that the real population of the city is probably closer to 20 million. He actually also said that the three largest problems for the city of Moscow are corruption, the size of the administrative departments and the size of the region. I believe this is a good description of Russia's problems overall, but let's stick with Moscow for now.

20 million people! In one place, in one administrative region. That is the same number of people as the populations of Norway, Sweden and Denmark put together.

Living in Moscow means living in an environment where you constantly have to be aware. You have to be vigilant not to be duped, insulted or attacked. In such an environment it is difficult to trust strangers. You probably prefer to distrust, just in case. Even though I know that Ania was careful and looking out to avoid being ripped off in any way, she still got tricked.

Окружающая среда все более ужесточается, людям приходится становиться жесткими, чтобы выжить. Возможно, именно в этом и кроется причина, по которой иностранцы при первой встрече с москвичами характеризуют их как людей холодных, замкнутых, суровых и недружелюбных.

> **Однако, как и большинство из нас, при более тесном знакомстве москвичи оказываются и радушными, и дружелюбными. Если вы становитесь *друзьями*, то вас всегда будут воспринимать как человека, заслуживающего доверия.**

Однако, как и большинство из нас, при более тесном знакомстве москвичи оказываются и радушными, и дружелюбными. Если вы становитесь *друзьями*, то вас всегда будут воспринимать как человека, заслуживающего доверия.

В таком климате бюрократические процедуры (всякие немыслимые требования к документации, печатям и «подтверждениям подтверждений») — это действующая на нервы, но неизбежная составляющая ведения бизнеса. Порой даже все это требуется для элементарного снятия денег со своего банковского счета. Но на уровне межличностного общения люди оказываются очень гибкими и щедрыми, например, помогая друг другу деньгами и никаким образом не оформляя подобные займы. Это поистине один из парадоксов русской души, который мне никогда не понять.

Как все сказанное отражается на наших с Аней взаимоотношениях?

Например, я заметил, что Аня долго присматривается к новым людям, и переход к открытому и доверительному общению может быть длительным. Также Аня пережила культурный шок, когда выяснилось, что наша десятилетняя дочь Марта может сама добираться

A tough environment is self-propagating because people get tough to survive it. This is probably the reason why foreigners who meet Muscovites for the first time consider them cold, closed, tough and unfriendly.

However, as with most people, Moscovites are also warm and very friendly when you get to know them. If you become a *friend*, you will always be considered one to be trusted.

In this environment where bureaucratic procedures involving unbelievable documentation requirements, stamps and "approvals of the approvals" are an inevitable and annoying part of doing business or even simply to take money out of your own bank account, you will find that people at the personal level are very flexible and generous with e.g. helping each other with money without any kind of agreement. It really is one of the paradoxes of the Russian soul that I will never understand.

> However, as with most people, Moscovites are also warm and very friendly when you get to know them. If you become a *friend*, you will always be considered one to be trusted.

How does this impact on Ania's and my relationship?

I believe it is reflected in the way it sometimes takes her time to be open and trustful towards the new people we meet together. It is reflected in the fact that she was absolutely thrilled that Marta, our 10-year-old daughter, could make her own way to school, without one of us having to take her, as would have been necessary if we lived in Moscow. Ania has more than once been amazed about

до школы и, значит, никому из нас не нужно было ее сопровождать: ведь в Москве у нее был совершенно другой опыт! Жену поражала, и не раз, моя открытость по отношению к новым людям, как, например, в ситуации, когда мы первый раз общались с нашими соседями.

— Почему ты всем и все про нас рассказываешь? — недоумевала Аня. — Мы же еще не знаем, можно ли им доверять!

Она принимала мою открытость за типичную европейскую наивность (или даже глупость), считала, что это наигранная фальшивая доброта, вроде того поведения, о котором упоминалось ранее. Я же тем временем чувствовал некоторое раздражение от ее недружелюбного восприятия тех же самых людей.

Аня, в свою очередь, не уставала повторять, что следует быть более осмотрительными именно с людьми близкого круга, особенно с соседями и коллегами, потому что от них-то и можно ждать самых больших неприятностей. Если не быть настороже, они могут собрать о тебе информацию, проследить за алгоритмом твоих повседневных действий и даже извлечь из этого выгоду. Вот с незнакомцами, с которыми совершенно точно больше никогда не встретишься, можно чувствовать себя более свободно. Возможно, такой подход уходит корнями в сталинские времена, когда приходилось разговаривать шепотом, держать рот на замке даже с собственными детьми, потому что «и у стен есть уши», а неосторожная фраза могла стоить жизни.

how open I am towards new people, like when we met all our new neighbors for the first time.

"Why do you tell everyone everything about us", Ania would ask me. "We don't even know if we can trust them!"

She would see my openness as typical European naivety (or rather stupidity) and as superficial, false kindness, that same behavior mentioned earlier, at the same time as I would be a little annoyed about her "unfriendly" attitude towards the same people.

Ania used to say that you should be even more careful around people that are close to you – especially neighbors and colleagues – because the biggest danger can come from them. They can collect information about you, see your living patterns and maybe even take advantage of it if you are not careful. If you meet complete strangers that you know you will never see again, you can be more open. This attitude probably has deep roots in Stalin's time, when you had to whisper or keep entirely shtum, even towards your own children, because "the walls had ears" and careless talk could cost lives.

10. Я поверю, только когда увижу своими глазами, или швейцарская эффективность против российской бюрократии

Когда Аня переехала ко мне в Швейцарию, нам приходилось много заниматься оформлением документов. Швейцарцы весьма серьезны в отношении документации и всякой бумажной деятельности. Мне были известны все процедуры и требования, поскольку я сам несколькими годами ранее все это проходил. Швейцарские государственные институты в своей эффективности не имеют аналогов. Более 20% населения Швейцарии рождены за пределами страны, поэтому соответствующие процедуры отработаны и предсказуемы.

И все-таки при подаче заявления на получение вида на жительство с разрешением на работу в Швейцарии лучше быть хорошо подготовленным и иметь на руках все необходимые документы. Я гражданин Норвегии и, становясь резидентом Швейцарии, не встретил никаких трудностей. Я перевез с собой свой бизнес и продолжал обеспечивать себя сам, так что и эту часть моей жизни оказалось довольно легко устроить и оформить.

Для россиян же получить подобное разрешение обычно бывает куда сложнее. Поскольку я практически уже жил здесь, и мог и трудоустроить Аню в своей компании, и обеспечить ее медицинской страховкой (в Швейцарии медицинская страховка обязательна для каждого), то получить вид на жительство ей не составило труда. После того, как все документы были заблаговременно отправлены, ей оставалось только сходить в Amt für Migration (миграционный

10. I'll believe it when I see it – Swiss efficiency vs. Russian bureaucracy

When Ania moved to be with me in Switzerland we had to do a lot of paperwork. The Swiss are serious about their paperwork. I knew the routine and what was required because I had been through it once before a few years earlier. The Swiss public service is very efficient, second to none. More than 20% of Switzerland's population is foreign-born so the procedures are very predictable.

However, it always helps if you are well prepared and have all the required documents when you apply for a permit to live and work in Switzerland. I am Norwegian myself, and didn't face any challenge in becoming a resident of Switzerland. I brought my own business with me and can provide for myself, so that part of it was also quite simple.

For a Russian to get a permit, however, is usually a bit more complicated. Since I already lived here and could employ Ania in my company and guarantee her insurance (in Switzerland personal health insurance is mandatory) Ania got her permit very easily.

офис) в кантоне Цуг, в котором мы живем, и сделать там биометрию (отпечатки пальцев и фото радужной оболочки глаза) для оформления Ausländerausweis (вида на жительство).

Я ездил вместе с ней, так как Аня не говорила по-немецки, и спросил, когда следует ожидать получения документа. Нам ответили, что его отправят по почте на следующий день, а значит, через два дня она его получит. Два дня?! Аня просто не могла поверить. Во-первых, она не могла поверить в то, что вообще сможет получить вид на жительство — по крайней мере, до того момента, пока сама своими глазами не увидит документ. Слишком наслышана о печальном опыте столкновений с российской бюрократией: всегда же, какое-нибудь незапланированное обстоятельство всплывает в самую последнюю минуту и перечеркивает всю предыдущую подготовку.

> **Аня была настолько потрясена, что опубликовала в фейсбуке длинный пост, превознося чудо швейцарской государственной машины (public sector).**

Во-вторых, она никак не могла понять, как можно было так вот однозначно утверждать, что «документ придет через два дня». Она знала, что бюрократия никогда не указывает точных сроков и уж тем более таких конкретных, как «в пределах двух дней». «Не верю», — твердила она. Я же сказал, что лучше поверить, так мне подсказывал и собственный опыт. Если говорят, что два дня — значит два дня. «И все равно я не поверю, пока не увижу своими глазами!»

Ровно через два дня и увидела. Документ пришел обычной почтой спустя два дня, как и было обещано. Аня была настолько потрясена, что опубликовала в фейсбуке длинный пост, превознося чудо швейцарской государственной машины (public sector).

After having sent all the documents in beforehand, she had to go to the "Amt für Migration" (migration office) in Kanton Zug where we live to get biometrics taken such as fingerprints and an iris scan for an "Ausländerausweis" (residence permit).

I went along with her since Ania didn't speak German, and asked when she could expect to receive the permit. They told us it would be put in the post next day so she should have it in two days. Two days!? Ania simply did not believe that. First of all she didn't believe she would even get a permit – not before she actually physically received it. There are simply too many tales of bad experiences from Russian bureaucracy to believe that something wouldn't come up last minute that would change everything.

> **Ania was so impressed that she wrote a long Facebook post explaining what a miracle the Swiss public sector is.**

Secondly, she couldn't understand why they gave such an exact statement as "You will have it in two days" since she knew that bureaucracies never give clear statements of time, and certainly not as specific as two days. I don't believe it, she told me. I said, you'd better, because this is also my own experience. If they say two days, they mean two days. "Well, I won't believe it until I see it!"

In two days she saw it. It arrived by the regular post, two days later, exactly as predicted. Ania was so impressed that she wrote a long Facebook post explaining what a miracle the Swiss public sector is.

Между прочим, «public sector»[10] оказался для Ани новым понятием. Мне пришлось объяснить, что этим термином обозначается то, что в России принято называть государством (или государственным). А в России это синоним бюрократических проволочек.

Впоследствии мы еще несколько раз переживали подобный опыт общения с весьма эффективными швейцарскими государственными учреждениями. Официальное подтверждение или документацию можно получить по запросу, отправленному по электронной почте. Как правило, все отправляется оперативно и без лишней волокиты. Обычно контакта с одним госслужащим (civil servant) оказывается вполне достаточно для выполнения запроса. («Servant»[11] было еще одним термином, переворачивавшим на 180 градусов Анино российское представление о человеке, работающем на государство.) Это и для Норвегии выглядит впечатляюще.

В России принято обходиться с гражданами так, будто они заслуживают наказания за то, что осмелились потревожить государственного мужа. Приходится ждать в очереди, посетителя гоняют из одного кабинета в другой, никто не хочет брать на себя ответственность, и надо поставить еще одну печать, и получить еще одну подпись в дополнение к сотне уже имеющихся, и в довершение ко всему приходится платить взятку, чтобы дело как-то двигалось. У служащих государственных учреждений довольно скромная зарплата, поэтому взяточничество для них — это дополнительный источник дохода.

---

10   Public sector (англ.) —буквальный перевод «общественный сектор» — в контексте русского языка и российской культуры управления переводится как «государственный сектор» и включает в себя государственные институты и организации в сферах управления, образования, культуры, здравоохранения и пр. *Прим. перев.*

11   «Servant» (англ.) —на русский язык может переводиться и как «слуга», «прислуга», и как «служащий». Public servant (англ.) — государственный служащий, чиновник. *Прим. перев.*

By the way, in Ania's terminology, "public sector" was a new concept. I had to explain that this is our expression to describe what in Russia is just called "the State" (Gosudarstvenniy). In Russia it is synonymous with bureaucracy galore.

We have had several similar experiences in dealing with the very efficient Swiss public sector. You can send an email to ask for official confirmation or documentation, and as a rule you receive it very swiftly, without any unnecessary red tape. Usually you get in touch with one civil servant ("servant" being another term that to Ania is 180 degrees different from the Russian perception of someone who works for the state) and he/she will take care of your request directly. This is impressive even for a Norwegian.

In Russia, citizens are treated as if they deserve punishment if they dare to disturb an employee of the State. You have to wait in line, you are sent back and forth between multiple different offices, no one will take any responsibility, you have to get yet another stamp and signature in addition to the many you already have, and on top of that you have to pay a bribe to make anything happen. Workers in the public sector in Russia are paid very low salaries and it is common to top it up by being open to bribery.

Государственный сектор — громоздкая, непрозрачная иерархическая структура, никто не знает наверняка, как она работает, что в ней допускается, а что нет, и потому любой работник, сталкивающийся с вашим запросом, просто на всякий случай, по умолчанию скажет «нет». Довести дело до логического конца можно, только если есть связи, или же если предложить взятку. Учитывая все вышесказанное, уже не кажется странным, что моя русская жена говорила: «Поверю, только когда увижу собственным глазами».

The public sector is a huge, opaque, hierarchical structure and no one really knows how it works, whether anything is permissible, so just in case the person dealing with your request or application will always say "nyet" (which means "no") by default. Only through connections and bribes can you achieve anything. With this in mind, it is not so strange that my Russian wife used to say "I'll believe it when I see it".

11. Открывая для себя Европу и западную систему ценностей

Большая часть России географически принадлежит европейскому континенту, равно как и Азербайджан, Казахстан, Грузия, Армения и небольшая часть Турции.

На Европейском континенте находится примерно 50 стран. Из России Европа, которая находится к западу от Российской Федерации и диаметрально противоположна ей в идеологическом плане, видится как «внешняя», «другая».

В политическом и культурном отношении Россия вовсе не часть Европы. Вероятно, России просто хочется быть самой собой, и точка. Но мне кажется, что Россия — страна скорее азиатская, чем европейская.

Парадокс, правда, в том, что в России высоко ценятся западная музыка, еда, мода, товары, да и сам образ жизни.

Я знаю, что россияне часто представляют Европу миниатюрной. Помню, как во время нашего перелета из Цюриха в Осло Аня удивлялась, что полет длился два часа. Жена призналась, что не представляла даже, насколько Европа большая — из России она выглядит такой маленькой!

Как правило, русские не видят больших различий между странами, между Северной и Южной Европой. Конечно, с таким подходом никак нельзя согласиться, ведь Европа — это мозаика народов, языков и культур.

> В политическом и культурном отношении Россия вовсе не часть Европы. Вероятно, России просто хочется быть самой собой, и точка. Но мне кажется, что Россия — страна скорее азиатская, чем европейская.

11. Discovering Europe and Western values

A large part of Russia is geographically part of the European continent, as is for that matter Azerbaijan, Kazakhstan, Georgia, Armenia and a small part of Turkey.

There are approximately 50 countries on the European continent. However, in Russia, Europe is seen as "outside" or "other", located west of Russia geographically and diametrically opposed ideologically.

As regards politics and values, Russia is not at all a part of Europe. Russia probably wants to just be itself full stop, but, as I see it, Russia is far more Asian than European.

The paradox is that Western music, food, fashion, products, lifestyle are all highly regarded in Russia.

> As regards politics and values, Russia is not at all a part of Europe. Russia probably wants to just be itself full stop, but, as I see it, Russia is far more Asian than European.

I know that there is a common perception in Russia that Europe is one small place. I remember flying from Zürich to Oslo with Ania and she was surprised that it was a two-hour flight. I didn't realize Europe was so large, she said. Seen from Russia it is one small unit.

In general Russians don't distinguish much between the different nations or between northern Europe and southern Europe. Nothing could be more wrong of course, as Europe is a mosaic of very different nationalities, languages and cultures.

Население Европы, без европейской части России и Турции, составляет приблизительно 700 миллионов человек. В РФ живет 140 миллионов.

Европа из России видится зачастую слабой, находящейся «на закате своих дней». Я слышал отзывы, в которых нас, европейцев, характеризовали как озабоченных только своим собственным благоденствием деградантов. Я знаком с популистским мнением о Европе, распространенным в России: в соответствии с ним, наш континент вырождается и находится на грани вымирания, потому что все мужчины — гомосексуалисты, а все женщины — лесбиянки, потому что мы поддерживаем всех слабых и пасуем перед малообразованными иммигрантами. Мы избалованы, потому что все у нас всегда было хорошо, и нас интересуют только наши собственные удовольствия.

Будучи европейцем, я бы не узнал Европу по такому описанию. Европейский Союз (28 стран) — это самая мощная экономика мира. Бесспорно и то, что самые сильные и либеральные демократии — в Европе; у нас хорошо развитая система социального обеспечения, а также самый низкий уровень коррупции в мире, как в государственном секторе, так и в частном. Люди доверяют власти. Правовая система уважает и защищает приверженность той или иной религии или идеологии, сексуальную ориентацию людей. И если большинство россиян воспринимает это как проявление слабости, то, на мой взгляд, это как раз и демонстрирует движение вспять самой России.

Доверие институтам и предсказуемость повседневной жизни создает культуру открытости и дружелюбия. Нельзя утверждать, что европейский образ жизни искусственный или же полон фальши — как вообще это может быть? Возможно ли, чтобы более 30 различных народов вдруг в одночасье стали бы вести себя одинаково неестественно?! И, повторюсь, между европейскими странами

Europe, excluding the European part of Russia and Turkey, has a population of ca. 700 million people. Russia has 140 million.

Europe seen from Russia is often considered to be weak and "decadent". I have heard that we are superficial and only concerned with our own wellbeing. I know that a populist Russian characteristic of Europe is that the whole continent is degenerate and the human race will soon die out, since "all" men are homosexuals and "all" women are lesbians and we support weak people and allow immigrants with low IQs to bring us down. We are spoilt because everything has so far been so good that we are only concerned with our own pleasures.

As a European I don't recognize this picture of Europe. The European Union (28 countries) is the strongest economy in the world. In Europe we have indisputably the strongest and most liberal democracies in the world; we have in general good welfare systems and the lowest corruption in the world, both in the public and private sector. People trust the authorities. We respect and protect people's sexual, ideological and religious orientation through legislation. That this is seen as a weakness by a majority of Russians is in my opinion a manifestation of Russia's backward development.

Trust in institutions and predictability in people's everyday life creates a culture of openness and friendliness. The European way of being is not artificial or false. How could it be? Should more than 30 different nations all simultaneously pretend a certain behavior that is not real?! Again, you will find huge differences between

есть множество различий, но есть и общий знаменатель — большая открытость, отличающая любую западную или центрально-европейскую страну от того, что принято в России.

Русская культура весьма пуританская. Я показывал Ане некоторые скандинавские школьные учебники (а сейчас у Марты есть и швейцарские учебники), в которых содержится материал по сексуальному образованию детей. Жена заметила, что откровенные иллюстрации и описания с терминами совершенно нельзя представить в русских учебниках. На мой взгляд, у русских слишком уж пуританские традиции по отношению к сексуальности, к наготе, к образованию в области физических потребностей, желаний и функций.

Это определенно объясняет, почему в России все еще смешивают гомосексуальность с педофилией, и поэтому принимают законы, порицающие гомосексуальное поведение. А ведь там, где процветает пуританская культура, больше всего унизительной и нелепой порнографии и фантазий об усмирении любого, кто «не такой». Люди становятся все менее открытыми и настроенными на консенсус, их все меньше заботит личная свобода и достоинство других.

> **Самое же мрачное следствие пуританской культуры — она взращивает ханжей, фанатиков, которые сами делают, что хотят, но требуют введения жестких правил. Только правила — не для них, а для других.**

Самое же мрачное следствие пуританской культуры — она взращивает ханжей, фанатиков, которые сами делают, что хотят, но требуют введения жестких правил. Только правила — не для них, а для других.

Не могу сказать, в чем сильнее расхождение между российскими и западными ценностями. Все же между нами больше общего, чем того, что нас разделяет. Все мы любим своих детей, все мы стремимся поступать правильно,

European countries, but the common denominator is that you will find more openness in any Western or middle European country than you will find in Russia, and it is real.

The Russian culture is very puritan. I showed Ania some children's schoolbooks from Scandinavia (and now Marta has her Swiss schoolbooks) with sexual education for children. The frank descriptions in illustrations and words would be absolutely unthinkable in Russia, she says. In my opinion Russian culture is far too puritanical regarding sexuality, nakedness and education about our physical needs, desires and functions.

This is almost definitely why popular Russian opinion still confuses homosexuality with pedophilia, and therefore accepts laws that stigmatize homosexual behavior. In addition, wherever you find a culture of puritanism, the more you see humiliating and grotesque pornography and fantasies of subjugating anyone that is "different". People become less open and accepting and less concerned about other people's personal freedom and dignity.

The darkest side of puritanism is that it breeds bigots, fanatics who believe that they themselves can do what they want, and that the rules they demand are for all the others.

I don't know what the most significant difference between Russian and Western values is. There is probably more that unites us than separates us. We all love our children, we all try to do right, we all try to be helpful when someone needs our assistance

все мы спешим на помощь, когда кому-то нужна наша поддержка, и все мы стараемся быть хорошими друзьями. Все это ключевые ценности, делающие нас людьми. Просто периодически мы уж слишком концентрируемся на том, что нас различает.

Однако раз уж зашел такой разговор, стоит сказать, что действительно существуют довольно интересные отличия, способные объяснить причину расхождения наших взглядов на некоторые вещи.

Когда Марта в 10 лет пошла в швейцарскую школу (в третий класс), то и она, и Аня столкнулись с множеством ранее незнакомых ситуаций. В российской школе, в которой ей довелось проучиться первые три класса, все было организовано очень строго и иерархическим образом.

Взгляните на фотографию из русской школы[12]. Вы увидите почти армейские будни: все школьники в форме, никто особо не улыбается, девочки с забранными волосами, на их головах заколками закреплены большие красные или белые банты. Фото учителя — строго вверху, и все имена и должности прописаны очень четко и аккуратно. Должен отметить, что качество фотографии высокое, но как же это все далеко от моих школьных снимков, сделанных много лет назад!

Сравним эти карточки с фотографиями, сделанными в швейцарской школе: они совсем не пафосные, а повседневные, дети одеты в обычную одежду, и учитель окружен детьми без какого-либо заданного, продуманного порядка.

Как мне кажется, это лишь один пример того, как воспитание детей формирует разное понимание «иерархии» и «авторитета», и как мы, люди, становимся в результате более или менее послушными и покорными.

---

12   Фотографии на стр 204-205

and we all try to be good friends. These are core values that make us human. Sometimes we may focus too much on the differences.

However, saying that, there do exist interesting differences that may explain why we see things in different ways.

When Marta started school, aged 10, in Switzerland (in 3rd year), she, as well as Ania, faced a lot of new and unfamiliar situations. The Russian school where she spent her first three school years was very strict and hierarchic.

Take a look at a Russian school photo[2] and you see an almost military-like picture: all the children in uniform, no big smiles, all the girls with tidy hair and hairclips with a big red or white bow, the teacher at the top, with titles and names carefully printed on the picture. I must admit it is really high quality, but very far removed from how even Iremember my own casual school photos all those years ago.

How does the Swiss school photo differ? It is very casual, with everyone standing "randomly", dressed in their regular everyday cloths and the teacher surrounded by the children in no specific order.

I believe this is just one example of how our different upbringings give us a different understanding of "hierarchy" and "authority" and how in response we as a people become more obedient and submissive, or less as the case may be.

---

2   Pages 204-205

В Швейцарии дети здороваются с учителем за руку. Это проявление уважения. В России, где дети (также из уважения!) никогда не пожимают руки взрослым, такое поведение считалось бы неслыханным.

В Швейцарии (как и в любой другой европейской стране) учить детей социальным навыкам и умению взаимодействовать с людьми считается столь же необходимым, как и обучать их разным научным дисциплинам. Детей также оценивают за развитие социальных навыков.

В России, как я понимаю, акцент смещен в сторону фактологического знания. В самом начале школьного обучения дочки Аня все беспокоилась, что Марта в швейцарской школе не изучает какие-то предметы, принятые в русской школе. Одно время Аня даже предлагала Марте поучить что-нибудь из российского школьного учебного плана по интернету, или же купить российские школьные учебники, чтобы ничего не упустить.

Спустя некоторое время Аня передумала. Она видела, что Марте в школе нравится, что дети изучают такие темы, которые с трудом можно было бы представить в российской школе в соответствующей возрастной группе: например, материал об устройстве и работе местного муниципалитета («Gemeinde»).

Школьники много работают в группах (и им это очень нравится); родители всегда могут, если захотят, посмотреть, как работает класс. От родителей, в свою очередь, ожидается поддержание тесного контакта со школой и с учителями. Марта изучает и классические предметы, такие как математика, иностранные языки, история и т.д.

Уровень требований в местных школах ниже, чем в российских, но мы убеждены, что дети очень легко «схватывают» всю

In Switzerland, schoolchildren are supposed to greet their teacher in the morning by shaking hands. This is a way of showing respect. This would be unheard of in Russia where children never shake hands with any adults (also out of respect!).

In Switzerland (as in every European country I believe) it is just as important to teach the children social skills and cooperative skills as it is to teach them concrete subject knowledge. The children also get graded on their social skills.

In Russia I understand there is much more emphasis on factual knowledge. In the beginning Ania was worried that her daughter wasn't learning what she needed to at school. Ania even suggested that Marta should follow some Russian subjects online, or get Russian school books to be sure she could keep up.

After a while Ania changed her mind. She could see that her daughter was very happy at school and that she was learning about topics that would have been unthinkable in Russia at this age, such as how the local "Gemeinde" (municipality) is organized and how it works.

The pupils have a lot of group work (which they really enjoy), parents are invited to come and see how the class works (if we want), parents are expected to have close contact with the school and teachers, and of course Marta also learns the normal factual subjects such as mathematics, languages, history and so on.

Granted, this may not have been at the same demanding level as they do in Russia at the same age, but we are convinced that

фактологию, когда достигают определенного возраста и становятся более подготовленными.

А вот чего они точно не смогут нагнать позже, если окажется, что это упущено на ранней стадии, так это навыки общения и взаимодействия с окружающими. Швейцарскую школу никак нельзя назвать мягкой, но она может показаться таковой, если ее сравнивать с российской школьной системой. Однако на более поздних ступенях швейцарская школа становится весьма требовательной и даже жесткой, если ученик слаб в теоретических познаниях.

Мне кажется, Аня поменяла свое отношение к некоторым вещам, о чем я и написал в этой главе. Я заметил, что она стала более охотно делиться своими чувствами, больше уверилась в силе семьи как основополагающего элемента общества. Она более откровенно делится с дочерью своими прошлыми проблемами, своим опытом, своими заботами и мыслями, избегая при этом перегружать ребенка лишней ответственностью. Она стала более осознанно относиться к политическому контексту, к тому, как на самом деле работает демократия, она стала больше доверять людям, и в ней появилось больше уверенности.

Конечно, можно сказать, что все это естественно, когда ты живешь в Швейцарии — процветающей стране со стабильными демократическими институтами и эффективно работающей экономикой. Именно такова и моя позиция.

И именно этого так недостает России — стабильности, предсказуемости, демократии и эффективной экономики для своих граждан. Поменяйте структуру — и вы измените поведение людей, оно же, в конце концов, изменит и всю систему ценностей. Я убежден, что с социальным фундаментом проевропейского типа Россия будет гораздо более приятным местом для жизни.

children can catch up very easily on factual knowledge when they reach a certain age and are more ready for it.

What they cannot catch up on later is cooperative and social skills if these are not introduced at an early age. The Swiss school is not "soft" in any way, but compared with the Russian school system it can probably appear to be so. At more advanced stages however the Swiss school is very demanding and "discriminating" between students with strong and weak theoretical skills.

In my opinion Ania has changed her view on several topics. Some of them I have described in this chapter. I have seen her become more open about her feelings, much more of a believer in the power of the nuclear family as the core building block of society, more direct in what she shares with her daughter of her past problems, experiences, concerns and thoughts without of course putting any unreasonable responsibility on the shoulders of a young child, more aware of political contexts and how a democracy works, and much more trustful and confident.

One could of course say that this is only natural when you live for several years in Switzerland, a wealthy country with stable democratic institutions, and a functioning economy. Well, that is exactly my point.

That is what is missing in Russia! Stability, predictability, democracy and a good economy for its citizens. Change the structure and you will change behavior, and this will eventually change the whole value system. With a more European-style foundation of society, I am convinced Russia would be a much better place to live as well.

12. Вот они какие — русские мамы

В своих утверждениях я могу опираться лишь на то, что довелось наблюдать мне самому в Аниной семье и в семьях ее друзей. Также я могу ссылаться на обсуждения, в которых вместе со мной принимали участие как мужчины, так и женщины из российского бизнес-сообщества, с которыми меня связывают профессиональные контакты. И, конечно же, я использовал свои наблюдения за Аней как за мамой.

Русские мамы в своих методах воспитания могут быть весьма суровыми и «старомодными». Они действительно прилагают много усилий, чтобы их дети опрятно выглядели, были одеты качественно и стильно, хорошо себя вели. Также они довольно прямолинейны и откровенны в выражениях своего недовольства, например, результатами в школе, в спорте или в музыке.

Там, где «западный» вариант воспитания будет более щадящим, нацеленным на поиски мотивации ребенка через утешение и принятие, даже если у ребенка ничего не получается, русская мама прямо скажет своему чаду, когда что-то не так, и они будут вместе стараться исправить ситуацию.

Европейские родители захваливают ребенка, если у того что-то хорошо получилось. Мы усвоили американскую модель мотивации и похвал: «Милый, ну разве ты не *чудо*!» Время от времени я задаюсь вопросом, не является ли подобный подход медвежьей услугой нашим детям. Может, тем самым мы взращиваем поколения ложных «победителей», не умеющих проигрывать с достоинством и не умеющих держать удар.

12. Being a Russian mother

I can only base what I am saying on what I have observed through Ania's family and friends, and on what I have discussed with men and women in my own business network in Russia. And of course through observing Ania as a mother.

Russian mothers can be very tough and "old fashioned" in their style of upbringing. They really make a lot out of having their children look good, well-dressed, well-styled and well-behaved. They are also very direct in giving the child a piece of their mind if they are displeased with their performance at school, for example in sport or music.

Where the "western" way is more accepting, aiming to motivate the child by telling them everything is okay even when they don't perform well, a Russian mother will tell the child directly if anything is subpar and that they had better pull themselves together, or else…

In the west we also have a tendency to over-praise children when they do something well. We have adopted the American culture of motivation and appraisal: "Darling, aren't you *fantastic*!". I sometimes wonder if we are doing the children a disservice with this approach. Maybe we are creating generations of false "winners" that don't know how to lose with grace and have no stamina to face even the smallest challenge without falling apart.

Подобный метод воспитания получил название «родительство в стиле керлинг» (когда родители неустанно сметают с жизненного пути своего чада все препятствия), или же «родители-вертолеты» (они кружат над ребенком, в любой момент готовые ринуться ему на помощь, взвалить все на свои плечи и т.д.). Боюсь, что таким образом пропадает способность детей учиться на своих поражениях, ошибках и на собственной боли. Когда падаешь, самое главное — суметь подняться. Если ребенок не извлечет такого урока из набитых шишек, то, боюсь, он вырастет слабовольным, неспособным себя защитить человеком.

Когда речь идет о системе проверки знаний, в российской школе приняты более жесткие нормы, чем в европейских учебных заведениях. По крайней мере, оценки детям начинают ставить гораздо раньше, чем у нас. Русские родители, живущие в Швейцарии, бывают озабочены отсутствием строгой дисциплины в школе, и это побуждает их искать детям дополнительные уроки по разным предметам. А уж дополнительные занятия по музыке и пению берутся безо всякого обсуждения.

> **Быть русской мамой значит постоянно переживать, что твой ребенок все время хочет есть.**

Швейцарская система школьного образования, как и большинство известных мне западноевропейских, куда больше, чем российская, смещает акценты в обучении к большему удовольствию, игре и командной работе, по крайней мере, в младших классах.

Еще одно наблюдение. Быть русской мамой значит постоянно переживать, что твой ребенок все время хочет есть. Так это, по крайней мере, выглядит для меня. Приготовленный с утра завтрак, горячий обед (в нашем случае в школе), горячий полдник сразу после

This kind of upbringing style has been labeled both "curling parents" (wiping the track in front of the child free of any obstacles) or, as I have heard in Norway, "helicopter parents" (hovering over the child, always ready to step in, help, assist, take over…). I am afraid this takes away the child's own ability to learn from their own failures and pain. When you fall, the most important thing is to get up. If you don't learn this from your own mistakes and from your own injuries, I am afraid you will become a very soft and insecure person.

Russian schools are also much tougher than their European counterparts when it comes to grading, learning facts and testing. At least, they start at much earlier grades with this. We have heard from other Russian parents living here in Switzerland that they are worried about the lack of hard discipline in the school and that they have extra education for their children in different subjects – and definitely extra tuition in music and singing.

Compared with what I know from the Russian school system, the Swiss, as well as most western European school systems that I know about, place much more emphasis on joy, play and teamwork in their teaching, at least in the lower grades.

> **Being a Russian mother also means believing your child is always on the brink of starvation.**

Being a Russian mother also means believing your child is always on the brink of starvation. At least that is how it seems to me. Cooked breakfast, hot lunch (at school in our case), hot meal when you come home from school, hot supper AND if you are still hungry before you go

школы, горячий ужин. И если ребенок все еще голоден, то можно устроить небольшой перекус перед тем, как лечь спать (а ребенок, конечно, голоден, если это может помочь хоть немного оттянуть время отхода ко сну). Откуда возникает такая одержимость едой?

Думаю, это может быть связано с опытом поколений, живших в стране, в которой еды или всегда не хватало, или же ощущалась нехватка качественной пищи. В советские времена много чего невозможно было купить даже за деньги. Словом, товары поставлялись с перебоями, без четких сроков, без контроля за ассортиментом.

Аня росла в 1980-е, во времена перестройки. Это было время перед самым падением советской империи, и ситуация на потребительском рынке складывалась, вероятно, еще хуже и скуднее, чем в предыдущие десятилетия. Аня рассказывала мне, как ей было жаль «переводить» продукты, и поэтому она ела не только мякоть банана, но даже его кожуру! И по сей день она с особым удовольствием ест яйца, потому что во времена ее детства достать их было практически невозможно. Когда мы путешествуем или даже когда просто выходим на прогулку, или же когда Аня отправляется с дочкой по магазинам, она всегда берет с собой фрукты, печенье, воду... Так, на всякий случай. У нее всегда что-нибудь лежит и в сумочке, и в машине. Меня это и восхищает, и поражает.

to bed (which children will always be if they can stretch their bedtime a little bit), there will be something for you then as well. Why this obsession with food?

I believe it could have something to do with generations of accumulated experiences in a country where no-one could get enough food or good quality food. In the Soviet time you couldn't get enough even if you had the money to buy it. The supply was variable and unpredictable, to say the least.

Ania grew up during the "Perestroika" (restructuring) years of the 1980s. This was just before the fall of the Soviet empire and the supply of consumer goods was probably worse and less than it had been for many decades. Ania told me how she scraped and ate not only the inside of the banana peel but even the peel itself! She is to this day "addicted" to eggs since she could almost never get them growing up. When we travel or even if we only go out for a walk, or even when Ania takes Marta out to the shops, she takes some fruit, biscuits, or water with her… Just in case. There is always something in her bag and her car. I find this fascinating, and a tiny bit heartbreaking.

13. Еда

Должен признаться, что относительно русской кухни у меня сложилось два диаметрально противоположных мнения. Первое: эта еда может быть *исключительно вкусной*. Второе: она может быть просто *отвратительной* — то есть это блюда, которые невозможно переварить, и мне непонятно, в чем их изюминка. И при этом неважно, хорошая еда или плохая, блюда русской кухни могут подаваться только одним способом — слишком много всего!

Если вам доведется побывать в гостях в русском доме, еды там будет очень много, а тортов и сладостей будет столько, что ими можно кормить всех гостей хоть целую неделю.

На мой взгляд, русские женщины свою любовь проявляют именно через кулинарные подвиги. Я люблю сюрпризы, и потому любую новую пищу всегда воспринимаю с удовольствием.

Однако должен отметить, что некоторые из предложенных мне блюд русской кухни оказались настоящим испытанием — красный салат, сельдь со свеклой, блины с икрой, квас. Это я перечислил первое, что пришло в голову. И да, я готов пробовать еще много чего во имя любви!

Позвольте начать с вкусных блюд (конечно, я прекрасно понимаю, что это лишь мои вкусы и пристрастия).

Борщ — свекольный суп, родом из Украины. Борщ может быть вегетарианским или сваренным на мясном бульоне. Существует множество рецептов борща, но в каждом неизменный ингредиент — это овощи (по преимуществу свекла) и сметана (которую русские любят добавлять практически к *каждому* блюду).

13. Food

Speaking of food, I must say that I have two very different opinions about Russian food. One is that the food can be *very good.* The other is that it can be *terrible* – totally incomprehensible dishes that I can't see the point of at all. But no matter which, good or bad, Russian dishes can only be served in one way: too much of everything!

If you attend a Russian party, the food, cakes and sweets there are so plentiful that you could easily feed all the guests for a week.

I believe Russian women show their love through their cooking. I love surprises and for me every new kind of food is very welcome.

However, I must admit that some of the Russian dishes I have been served have been… challenging. Purple salad, herring with beetroot, pancakes with caviar, fermented rye bread drink, to name but a few. Well, I am willing to try a lot in the name of love.

Let me start with the good dishes (and I understand of course that this is based on my own very limited personal biases).

Borsch – red beet-based soup which is actually from Ukraine. Borsch can be made with vegetables only or with meat. The base is a good stock and red beets. Borsch recipes vary, but vegetables (mainly beet) and sour cream ("smetana" – which Russians add to *every* dish) are always the main ingredients.

> **Аня готовит просто замечательный борщ, и я не раз говорил ей, что женился бы на ней еще сколько угодно раз ради такого борща!**

Именно свекла дает борщу его знаменитый насыщенный красный цвет.

Аня готовит просто замечательный борщ, и я не раз говорил ей, что женился бы на ней еще сколько угодно раз ради такого борща! Борщ и хорошая водка в придачу — это рай земной!

Русский салат («Оливье») тоже одно из моих любимейших блюд. Между прочим, во времена моего детства в Норвегии можно было купить «русский салат», который было принято намазывать на хлеб. В нем не было всех необходимых ингредиентов настоящего «русского салата», и все же он был очень вкусным. Русский салат популярен и в других европейских странах, и даже на Ближнем Востоке и в Латинской Америке.

Обычно его готовят из отваренных и порезанных мелкими кубиками картофеля и моркови, соленых или маринованных огурчиков, зеленого горошка, яиц, порезанной кусочками курицы (говядины, ветчины или колбасы), кислых яблок. Салат заправляется солью, перцем и горчицей, а потом заливается майонезом. Мы можем есть его и на обед, и как закуску, и даже угощать им гостей. Салат всегда идет «на ура».

А сейчас поговорим о моих абсолютных кулинарных фаворитах (в произвольном порядке):

Бефстроганов, сделанный из кусочков тушеного мяса — конечно же, с добавлением сметаны.

Блины — тоненькие блинчики со сметаной, их мы едим по субботам на завтрак.

The beetroot used in cooking borsch gives the soup its trademark deep reddish-purple color.

Ania can make the most marvelous borsch and I have told her more than once that I would marry her all over again purely on the strength of her borsch! Borsch with a good vodka to accompany it: heaven!

Russian salad ("salat Olivier") is also one of my absolute favorites. Actually when I was growing up in Norway we could buy "Russian salad" which was used as sandwich spread. It didn't contain all the ingredients that a real Russian salad should have, but it was very tasty. Russian salad is also popular in other European countries and even in the Middle East and Latin America.

It is usually made of diced boiled potatoes, carrots, dill pickles in brine, green peas, egg, diced boiled chicken (beef, ham or sausage), tart apples, salt, pepper and mustard, and dressed with mayonnaise. We sometimes eat it for lunch, sometimes as a starter and not least as party food when we have people over. Everyone likes it.

And now for my absolute favorites, in no special order:

Beef Stroganoff, made of pieces of sauteed beef in sauce – of course with smetana.

Blini: thin pancakes (with smetana) that we have for Saturday breakfast.

Каша, сваренная из гречневой, пшенной, овсяной, пшеничной или манной крупы. Вообще, в России каши чрезвычайно популярны, особенно в детском питании. В нашей семье мы едим их довольно часто, и мне они нравятся. Марта ест их с молоком и сахаром, а Аня и я — просто на воде.

Пельмени — мясной фарш, завернутый в тонко раскатанное тесто. Русские едят их со сметаной (кто б сомневался!). Отличная еда, особенно если собираются гости.

А теперь о праздничных застольях.

Пироги со сладкой или несладкой начинкой. Очень-очень вкусные.

Пирожки — производное от пирога название для небольшой (на одного человека) печеной или жареной выпечки с разнообразной начинкой.

Рассольник — один из моих самых любимых супов, варится с солеными огурчиками, перловкой и свиными или говяжьими почками.

Солянка — еще один просто чудесный суп — с кислинкой, со специями, с солеными огурчиками. Естественно, со сметаной.

Сырники — похожи на оладьи из творога, обжариваются в масле и подаются со сметаной, вареньем (русский джем), медом или яблочным соусом.

Винегрет — салат из порезанных кусочками вареных овощей (свеклы, картошки, моркови), нашинкованного мелко лука, квашеной капусты и соленых огурцов. Остальные ингредиенты — горошек или бобы — добавляются по желанию. Заправляется майонезом или просто подсолнечным маслом.

А теперь давайте перейдем к худшему опыту, который связан у меня с русской кухней:

Kasha: porridge made from buckwheat, millet, oat, wheat or semolina. Kashas are widely popular in Russia, especially as children's food. We eat it quite often in our family and I love it. Marta eats it with milk and sugar, Ania and I usually just as it is.

Pelmeni: dumplings consisting of a meat filling wrapped in thin, pasta-like dough. Russians eat them with Smetana (obviously). Excellent food, especially if you're having a party.

Speaking of parties:

Pirogi: pies with either sweet or savory filling. Very, very tasty.

Pirozhki: a generic term for individual-sized baked or fried buns or small pies stuffed with various fillings.

Rassolnik: one of my absolute favorite soups, made from pickled cucumbers, pearl barley, and pork or beef kidneys.

Solyanka: another very good soup; thick, spicy and sour with pickled cucumbers. With smetana, naturally.

Syrniki: fried pancakes made of quark/cottage cheese, usually eaten with smetana, varenye (Russian jam), honey or apple sauce.

Vinegret: diced boiled vegetables (beet roots, potatoes, carrots), chopped onions and sauerkraut and/ or pickled cucumbers. Other ingredients such as green peas or beans are sometimes added. Dressed with mayonnaise or simply with sunflower oil.

Now on to some of my worst experiences with Russian food:

Холодец — разделенное на волокна мясо в емкости с соленым желе.

Салат «селедка под шубой». Только представьте себе — «селедка под шубой»! Надо ли что-то еще добавлять?! Этот салат делается из засоленной селедки с луком, покрытой слоями вареного картофеля, яиц, свеклы и вездесущего майонеза!

Соленый арбуз — русские солят все подряд. Результат подобен маринованию, только без употребления уксуса. Некоторые из маринованных овощей в русской кухне получаются весьма вкусными, но, на мой взгляд, засолка фруктов, а уж тем более арбуза — это явный перебор! Кому пришло в голову замариновать арбуз?! Как будто русские задались вопросом: «А получится ли у нас замариновать арбуз?» И неизменный ответ: «Конечно, получится!»

Русский хлеб — это отдельная история.

Хлеб — совершенно незаменимый элемент русской кухни. Русский черный хлеб с легким лакричным привкусом (из-за добавления в тесто сиропа), равно как с фенхелем и укропом, и вправду, очень вкусен. Если бы его можно было купить в Швейцарии, я бы ел его каждый день. Хлеб в России — это символ плодородия, и отношение к нему соответствующее. Выбросить кусок хлеба, неважно насколько лежалого, воспринимается в нашем доме как святотатство. Если хлеб старый и черствый, Аня обжаривает его в масле.

Если мы уже больше не можем есть жареный хлеб, она его сохранит (у нас всегда лежит некоторый запас старого хлеба) и покормит им уток. Я все время повторяю, что средний вес уток в нашем муниципалитете значительно вырос с тех пор, как Аня здесь поселилась. Я даже больше скажу — я заметил, что и в количестве своем утки увеличились. Очевидно, что слух о хлебе уже разлетелся по округе.

Holodets: shredded meat in a blob of salty jello!

Selyodka pod shuboy: literally "Herring under a fur coat"! Need I say more!? This is a salad of marinated herring and onion topped with layers of boiled potatoes, eggs, beets and that ubiquitous mayonnaise!

Salted watermelon: Russians salt everything. The effect is like pickling although no vinegar is used. Some of their pickled vegetables are really good, but I think pickling fruits is taking it too far – especially watermelon! Why would anyone pickle watermelon? It is as if the Russians are brought up to ask, "Can we pickle it?" And the answer is always, "Yes, we can!"

Russian bread is a story by itself.

Bread is an absolutely necessary element in Russian cuisine. The black Russian bread with a bit of licorice flavor (because of syrup added to the dough) as well as fennel and caraway is indeed very good. I would eat it every day, if it were available in Switzerland. In Russia, bread is a symbol of fertility and it is treated accordingly. To throw away a piece of bread, no matter how old, is therefore considered sacrilegious in our house. If the bread is old and dry then Ania fries it in oil.

When we cannot eat any more of the fried bread she will store it (we always have quite a stash of old bread) and feed the ducks. I am always saying that the ducks' average weight has increased significantly in our "Gemeinde" (local society) since Ania moved here. I think I can even observe that the number of ducks has increased. The rumor about the bread has obviously spread.

Отмечу также расхождение наших с женой взглядов на то, кто должен командовать на кухне.

Спустя несколько дней после того, как мы начали жить вместе, я показал Ане, где бы мне хотелось повесить кухонные полотенца. Она расстроилась. Поначалу я даже не мог понять, из-за чего. Разумеется, сказал я ей, полотенца можно повесить и в какое-то другое место, но предложенное мной как будто самое удобное.

«Это моя кухня, — сказала Аня, — зачем тебе беспокоиться о том, как расположить здесь вещи?»

Еще одно столкновение культур? Не берусь утверждать, но мне кажется, что русские женщины гораздо больше, чем европейские, придерживаются традиционного восприятия своей роли «домашних управляющих», возлагая на себя заботы по кухне и по поддержанию чистоты дома. Вообще говоря, для русской женщины кухня — только ее территория. Если ты мужчина — держись подальше!

Не могу сказать, что я сам в этом отношении чересчур уж домовитый и хозяйственный, но я скандинав, а у нас принято равенство обязанностей, в том числе и кухонных! По меньшей мере я привык принимать участие в работе по кухне — как в приготовлении пищи, так и в наведении порядка. Я понял, что Аня восприняла мое «вторжение в кухню» как навязчивость. Я бы, без сомнения, мог сказать себе, мол, вот и отлично, больше не надо беспокоиться!

Но я действительно хочу участвовать в приготовлении еды. Я получаю удовольствие от своих кулинарных опытов и совершенно не нахожу их досадной рутиной. Я вовсе не возражаю, чтобы Аня хлопотала по кухне, но считаю, что нам надо делить эти обязанности. Мы не сразу нашли способ, как разобраться с ситуацией; мы

It might also be illuminating to mention how we each looked differently at who should be in charge in the kitchen.

Just a few days after we first moved in together, I told Ania where I wanted to place some towels in the kitchen. She got upset. At first I couldn't understand why, and said that we could also place them somewhere else but that my suggestion would be the most practical.

This is my kitchen, Ania replied, why should you care where we put things?

Another cultural collision? I don't know but it seems to me that Russian women are much more traditional in seeing themselves as the "domestic manager", taking care of cooking and cleaning, than a typical European woman. Generally speaking, for a Russian woman the kitchen is her domain. Keep out if you are a man!

I cannot say I am overly "domestic" in this regard myself, but being a Scandinavian man I am used to more equality in kitchen responsibilities. At least, I am accustomed to taking part in the preparation of food and tidying up after a meal. I understood that Ania saw my "interference" in the kitchen as an annoyance. I could of course have said to myself that this is good, I don't have to worry about meals.

But I do, I want to be involved whenever I can. I find pleasure in preparing a meal and I don't see it as a chore. I don't mind either

обсуждали варианты и пытались придумать специальные правила. В конце концов Аня расслабилась и, кажется, смогла убедиться, что я способен приготовить вполне съедобные блюда, не нанося глобального урона кухне, и даже привести все в порядок после готовки.

that Ania takes care of it, but I believe there should be a balance in this. It took us some time to find a good way to handle it; we even talked about it and tried to make some rules, but eventually Ania relaxed and I believe she has found out that I am actually able both to make edible food, without totally destroying the kitchen, and to clean up afterwards.

14. Положение русской женщины в обществе

Нигде в мире я не видел столько цветочных магазинов, как в Москве и Санкт-Петербурге. Они повсюду: и в малюсеньких киосках, где и одному человеку тесно, и на больших крытых рынках. И цветы — по крайней мере, по европейским меркам — вполне доступны по цене.

Один из самых важных праздников в России — это Международный женский день, 8 марта. Каждый год к этому дню везде появляются тюльпаны, розы и гвоздики. Этот день приобрел статус государственного праздника еще в советскую эпоху, и в нынешней России он остается одним из самых любимых. Наряду с этим, права женщин и идея гендерного равенства в России явно не владеют умами, и слово феминизм в буквальном смысле используется как ругательство.

«Но что нам до интеллектуальных идей, которыми увлекаются в лучшем случае пять процентов российских граждан, ведь мы от корня, от плоти — народ, настоящая русская почва, наши женщины терпеливые, могучие, выстоят, их позови — они все как одна...» - иронично замечает колумнист интернет-издания gazeta.ru Алена Солнцева накануне 8 марта 2016 года.

Российские женщины — жизненно важная составляющая российской экономики: 47 процентов трудовых ресурсов в стране — женщины. Согласно статистическим данным ООН, эта доля гораздо выше, чем в большинстве стран Евросоюза. Более 80 процентов рабочих мест в образовании и здравоохранении занято женщинами. Эти же две сферы характеризуются самыми низкими зарплатами.

14. Russian women's position in society

I have seen no place in the world with as many flower shops as Moscow and St. Petersburg. They are everywhere, from small kiosks that can hardly accommodate one person to big market-places under one roof. And the flowers are – at least from a European perspective – affordable.

International Women's Day on 8 March is one of the most important celebrations in Russia. Every year, tulips, roses and carnations are to be seen everywhere. It was made a national holiday during Soviet time, and it is still the most cherished holiday in Russia. However, women's rights and equality are not subjects of priority in Russia, and feminism is literally used as a profanity.

"Why do we need intellectual ideas that only 5 percent of Russian citizens care about? In our core we are a people with our feet planted solidly on the Russian soil and our women all patient, strong and ready for any challenge" is the ironic critique from Alyona Solntseva in a comment before 8 March this year (2016) in the online newspaper Gazeta.ru.

Russian women are a vital part of the Russian economy: 47 percent of the workforce is female. This is much higher than in most EU countries, according to statistics from the United Nations. More than 80 percent of the workforce in healthcare and education is female. These are two low wage areas.

В финансовом секторе 8 из 10 работников — женщины. Практически во всех компаниях России, с которыми мне довелось сотрудничать (в качестве консультанта по менеджменту), начальник финансового отдела или финансовый директор почти всегда женщина. В советское время эту должность называли «главный бухгалтер», и в некоторых компаниях это название все еще используется.

Если посмотреть статистику, то позиции россиянок в сравнении с представительницами большинства других стран можно назвать вполне достойными. Однако многое еще предстоит сделать для достижения равных зарплат за одинаковую работу. Согласно данным Всемирного банка, зарплата российских женщин на 30 процентов ниже, чем у занимающих эквивалентные должности мужчин.

> **Наряду с этим, права женщин и идея гендерного равенства в России явно не владеют умами, и слово феминизм в буквальном смысле используется как ругательство.**

С политическим влиянием женщин тоже не лучше. Политика в России — это удел мужчин. В российской политике есть считанное количество влиятельных женщин, таких как директор Центрального банка Эльвира Набиуллина, председатель Федерального собрания (высшей палаты парламента) Валентина Матвиенко и вице-премьер Ольга Голодец.

Женщины составляют абсолютное меньшинство и в парламенте, и в правительстве: согласно Всемирному экономическому форуму, только 15 процентов состава парламента и 6 процентов кабинета министров — женщины.

В соответствии с индексом гендерного равенства Программы развития ООН, Россия по параметрам равенства полов занимает 55 место (из 155 государств).

In the financial sector 8 of 10 employees are women. In almost all the companies I have worked for (as a management consultant) in Russia, the finance manager or financial director is a woman. They used to call it the "Head Bookkeeper" in the Soviet time, and in some companies they still use this title.

When you look at the statistics, a Russian woman has a very good position compared with most other countries. However, there is still a long way to go to achieve equal pay for equal jobs. According to the World Bank, a Russian woman's salary is 30 percent lower than that of a man in an equal job.

If you look at political influence it is even worse. Politics is a man's world in Russia. There is only a small handful of influential women in Russian politics, for example the Central Bank of Russia's director Elvira Nabiullina, the chair of the Federal Council (the Parliament's first chamber) Valentina Matviyenko and the vice-prime minister Olga Golodets.

> **However, women's rights and equality are not subjects of priority in Russia, and feminism is literally used as a profanity.**

Women are a tiny minority in both parliament and government, with only 15 percent of members of parliament women and 6 percent of government ministers, according to the World Economic Forum.

According to the United Nations Development Program's Gender Inequality Index, Russia is ranked 55th out of 155 nations with regards to equality between the sexes.

Когда Марте исполнилось три года, Аня стала воспитывать ее одна. Помогала бабушка, но именно на Анины плечи легла основная ответственность. И уход за ребенком, и работа, и решение насущных практических задач, таких как поиск детского сада, — все сама. В Москве все это совсем непросто, впрочем, быть матерью-одиночкой — во всем мире это занятость на полный рабочий день вне зависимости от места проживания.

Некоторое время Аня работала в детском саду, чтобы иметь возможность определить туда Марту. Зарплата была копеечной, и единственным преимуществом была возможность приглядывать за дочкой (наравне с другими детьми), а также завтракать и обедать на работе. Мизерной зарплаты не хватало, чтобы оплачивать съемную квартиру, поэтому она постоянно находилась в поиске дополнительного заработка, который позволил бы иметь относительно приемлемый доход. Система социальной защиты в России не развита, и быть матерью-одиночкой с маленьким ребенком — это нелегкий опыт. Вероятно, многие женщины предпочли бы остаться в плохом браке с мужем, которого они терпеть не могут, нежели отправляться в «свободное плавание» в таких условиях.

From when Marta was 3 years old, Ania took care of her daughter alone. The grandmother helped her with childminding, but Ania had primary responsibility over looking after the child, working and solving practical problems like finding a kindergarten, all on her own. In Moscow this is not easy, and to be a single mother is a fulltime job in itself anywhere in the world.

For a while Ania worked in a kindergarten just to get Marta into it. The salary was absolutely lousy and the only advantage was that she could look after her daughter (together with all the other kids) and get fed breakfast and lunch. The tiny salary couldn't even pay the rent for a flat, so she was constantly hunting for a job that could give her the necessary income. The social security system in Russia is very poor, and to be a single mother with small children is a tough existence. Many women would probably rather stay in a bad relationship with a spouse they cannot stand than go it alone in this sort of environment.

15. Что значит быть принцессой?

Я как-то заметил Марте, что хорошо себя вести очень просто — нужно просто вести себя как принцесса. Аня удивленно посмотрела на меня: при чем тут принцесса? Я ответил, что в этом случае человеческое поведение отличают достоинство, готовность с любезной улыбкой реагировать на критику, замечания и ошибки; а также доброта и нежность даже в отношении тех, кто, может быть, того и не заслуживает.

«Наши представления о том, что значит быть принцессой, расходятся весьма разительно, — сказала Аня. — Когда девочке говорят, что она ведет себя как принцесса, это значит, что она избалована, невыносима, эгоистична и глупа». Должен заметить, я и раньше слышал что-то подобное, но все же я считаю, что быть принцессой — дело хорошее.

> «Наши представления о том, что значит быть принцессой, расходятся весьма разительно», — сказала Аня.

Сказать по правде, история Европы знает немало плохих принцесс: например, Марию-Антуанетту, которую запомнили благодаря (неоднократно) произнесенной фразе: «Если у людей нет хлеба, пусть едят пирожные!» И совсем неважно, произносила она эту фразу или нет. Значение имеет только одно: подобная история служит напоминанием о стойком сложившемся образе гадкой и избалованной особы.

Однако каждый раз, когда я говорил своей дочери Софии, когда та была маленькой, «ты настоящая принцесса» — единственное, что я имел в виду, что она безупречно себя вела и замечательно

15. To behave like a princess

I once said to Marta that to behave well is really easy: you should just behave like a Princess. Ania looked at me and asked with wonder, why would I want her to behave like a princess?! Because then you behave with dignity, I replied, you accept others' criticisms, corrections and mistakes with a cheerful smile, you act kindly and gently, even towards people that may not deserve it.

We have a very different concept of what it means to be a princess, said Ania. When we tell someone they are behaving like a princess it means they are spoilt and mean, egoistic and stupid. I have to admit I have also heard that expression used as a label for spoilt behavior, but mostly I believe that to be a princess is a positive thing.

True though, Europe's history is full of bad princesses: witness Marie Antoinette who is remembered for (allegedly) having said, "If the people have no bread, let them eat cake!" Whether she actually said it or not doesn't matter; what matters is that this kind of story is a reminder of the enduring trope of mean and spoilt princesses.

> **We have a very different concept of what it means to be a princess, said Ania.**

However, whenever I said "You are a real princess" to my own daughter Sofie when she was a little girl, I was really trying to say that she behaved impeccably and looked great. "Be a princess" I used

выглядела. Я часто повторял: «Будь принцессой и помни, что ты посол своего имени».

«А как насчет того, чтобы "вести себя, как принц"?» — спросил я Аню. Она ответила, что такое выражение не используется, а если бы его и употребляли, то воспринималось бы оно негативно. Однако часто говорят, что все женщины ждут своего принца. Вот не странно ли?

to say, "and remember that you are the ambassador of your name".

What about the expression "to behave like a Prince", I asked Ania. "We don't use that expression", she told me, "but it would probably be considered negative as well! However, we do say that all women are waiting for their prince. Isn't that strange!"

16. Ценности

Ц енность — это нормативная установка, влияющая на взгляды и поведение человека. Ценность всегда имеет цену. Именно потому она и зовется ценностью. Мне совсем не симпатичны люди (и компании), которые заявляют, что они придерживаются тех или иных ценностей, а затем с легкостью отказываются от них, как только осознают, что и жить им придется в соответствии с этими ценностями. К примеру, я верю в доверие. Для меня это основополагающая ценность, и потому мой жизненный *выбор* – доверять людям. Цена доверия в том, что в какой-то момент жизни может встретиться человек, который воспользуется вашим доверием и обманет.

Словарное определение ценности гласит: «Принципы или стандарты поведения; суждения относительно того, что важно в жизни». Википедия поясняет: «Ценности могут быть определены как широкие предпочтения относительно должного направления действий или ожидаемых результатов. Ценности отражают понимание личностью разницы между правильным и неправильным, осознание должного». Поэтому понимание сущности того, что такое ценность, может быть разным в разных культурах, но, как я полагаю, все мы сошлись бы в том, что ценности личности влияют на поведение, реакции и на саму суть человека. Иногда ценности могут на бессознательном уровне управлять нашим поведением.

Я бы сказал, что русского человека восхищает сила. Да, сила — это русская ценность. Главная характеристика любого российского лидера, если он хочет, чтобы его уважали, это именно сила. Горбачев воспринимался русскими как слабый лидер. Русские видели в нем

16. Values

A value is a normative conviction that impacts your attitudes and behavior. A value always has a cost! That is why we call it a value. I strongly dislike people (and companies) who claim they have this or that value, and then I see them run away from it at the first occasion when they realize that it will cost them something to live according to their values. For example, I believe in trust. It is a deep value for me and I therefore *choose* to trust people. The cost of trust is that every now and then in your life you will meet someone who will take advantage of this and fool you.

The dictionary definition of a value is: "Principles or standards of behaviour; one's judgement of what is important in life". Wikipedia explains that "Values can be defined as broad preferences concerning appropriate courses of action or outcomes". As such, values reflect a person's sense of right and wrong or what 'ought' to be". What a value is, therefore, can be understood in different ways in different cultures, but I believe we all can agree that a person's individual values impact who they are and how they behave/react. Sometimes values can even direct our behavior in an unconscious way.

I will claim that to be strong is something all Russians admire. Yes, "strength" is a Russian value. The main characteristic of any Russian leader in order to be respected is "to be strong". Gorbachev was considered a weak leader by Russians. He is, in my opinion wrongfully, seen by Russians as the main person behind the collapse

— на мой взгляд, совершенно ошибочно — основного виновника распада Советского Союза. Нынешнего премьер-министра Медведева многие россияне считают слабым лидером. Когда он был президентом, в Европе создалось впечатление, что Путина (занимавшего в то время пост премьер-министра) больше уважали сограждане, потому что тот прослыл «крутым мужиком».

В Европе, да и во всем западном мире мы уважали и Горбачева, и Медведева гораздо больше, чем когда-либо будем уважать Путина. Оба они в большей мере европейцы в том смысле, что стремились к сотрудничеству, взаимопониманию и конструктивной дипломатии.

Обратите внимание на PR-кампании президента Путина, нацеленные на демонстрацию его физической силы — все эти фото с голым торсом, сделанные во время охоты, воздушных полетов, игры в хоккей и пр. А русские и впрямь на это все ведутся.

В глазах европейца — уверен, что могу сказать это без опасения оказаться неправым — все это выглядит просто смешным: не проявлением силы, а скорее перегибанием палки. Путин — личность популярная, с этим невозможно не согласиться, но то, что его поддерживают 89 процентов русских (согласно опросу 2015 года), — это, конечно, неправда. Помните Брежнева? Согласно официальным данным того времени, число поддерживающих его никогда не опускалось ниже 99,2 процентов. Полагаю, что количество сторонников Путина соответствует действительности так же, как и в случае с Брежневым. Русских понять трудно, но они отнюдь не глупцы. Касательно политики и политиков русские приобрели суровый исторический опыт, а потому при проведении опросов они предпочитают на словах поддерживать того, кто находится у власти. Отчасти такое поведение объясняется страхом, а отчасти тем, что граждане России устали от политики.

of the Soviet Union. The present prime minister, Medvedev, is also seen by most Russians as a weak leader. When he was the president, we in Europe always had the impression that Putin (at that time the prime minister) was much more respected by the Russians because he was "the strong guy".

In Europe and the western world we respected both Gorbachev and Medvedev much more than we ever will respect Putin! They were both much more "European" in the way they were seeking collaboration, understanding and constructive diplomacy.

If you look at President Putin's PR campaigns aiming to look strong with bare-chested photos from hunting, flying, playing ice hockey, etc., Russians really buy into this.

In European eyes I believe I am safe in saying that it looks rather ridiculous, not strong at all but instead rather overdone. That Putin is popular I cannot dispute, but that 89 percent of Russians support him (according to a poll in 2015) is of course not true. Remember Brezhnev? According to official PR at the time, his support never dropped below 99.2 percent. I believe the support numbers for Putin carry the same amount of truth as in Brezhnev's case. Russians are difficult to understand, but they are not stupid. Russians have a tough history regarding politics and politicians, so when they are asked in polls, they will tend to give their oral support to whomever is in charge. This is partly out of fear, but also because Russians are sick and tired of politics.

Однако все отмеченное никак не отменяет того, с чего я начал эту главу — россияне верят в силу. Большинство из тех русских, с кем мне довелось быть знакомым лично или с кем мы имели возможность это обсуждать, утверждают: «Нам нужен сильный лидер». Они говорят, что Россия огромная и непростая страна, и что для сохранения ее единства требуется сильный человек. Я считаю, что они ошибаются. Прежде всего, Россия не просто большая — она слишком большая. Чем заниматься поиском сильного человека, способного управлять такой страной, не лучше ли разделить ее на менее крупные части? Или же хотя бы стоит изменить способ управления и дать больше автономии регионам?

> **Я бы сказал, что русского человека восхищает сила. Да, сила — это русская ценность.**

Я знаю, что выдаю желаемое за действительное, и что со стороны всегда легче предлагать решения, но в действительности разве не менее оторвана от жизни идея о том, что один-единственный политический лидер (при этом не имеет значения, насколько он силен) может управлять такой огромной страной?

Россия простирается на 11 часовых поясов; в ней 185 различных этнических групп живут в 85 федеральных субъектах (самое большое административное деление согласно российской Конституции, хотя два совсем недавно добавленных субъекта международным сообществом признаются частью Украины).

Наравне с классическими административными территориями в России существует 21 национальная республика (родина этнических меньшинств), пять так называемых автономных *округов* и одна автономная *область* (Еврейская АО), расположенная на крайнем востоке России (единственная еврейская территория в мире

That does not change what I started this chapter with however: Russians believe in strength. Most Russians I know personally, or have at least discussed this with, will state, "We need a strong leader". Russia is so big and messy, they say, that to keep it together requires a strong man. I think they are wrong. First of all, Russia is not only big, itis *too* big. Rather than having to look for a strong man to manage it, perhaps the country should be divided into smaller parts? Or at least the way it is operated could be modified and more autonomy given to the different regions?

I know this is wishful thinking and potential solutions are always easy to prescribe from the sidelines, but is it really less wishful to assume one political leader (no matter how strong) can manage this enormous country?

> **I will claim that to be strong is something all Russians admire. Yes, "strength" is a Russian value.**

The country has 11 time zones and 185 different ethnic groups, spread across 85 federal subjects (the highest political division according to the Russian Constitution, although the two most recently added subjects are internationally recognized as part of Ukraine).

As well as the classic Russian homeland administrative territories, there are also 21 national republics home to ethnic minorities and five so-called autonomous *okrugs*, as well as one autonomous *oblast* (the Jewish Autonomous oblast) in the far east of Russia and, aside from Israel, the world's only Jewish territory with official status.

с официальным статусом, не считая Израиль).

Согласно российской Конституции, все эти республики, края, области, города федерального значения, автономные округа и автономная область являются равными по статусу субъектами Российской Федерации. Другими словами, российские структура и размеры не только слишком большие, но и слишком сложные.

Как потребность удерживать вместе такую огромную и разнообразную страну отразилась на ценностях россиян на индивидуальном уровне?

Однажды Аня попросила меня составить перечень базовых понятий, того, что важно для меня с самого детства (или того, что я на данный момент определил бы как ценности), и сама тоже принялась за составление *собственного* списка.

Вот мой перечень (в произвольном порядке):

◇ Хорошо себя вести

◇ Быть вежливым

◇ Уважать других

◇ Извиняться: говорить "I am sorry!" в соответствующих ситуациях

◇ Быть аккуратным и не забывать мыть руки

◇ Не опаздывать

◇ Никогда не откладывать на завтра то, что можно сделать сегодня

◇ Никого не обижать

◇ Быть добрым

◇ Не сквернословить

Анин перечень (тоже в произвольном порядке):

◇ Будь скромным.

◇ Делись всем, что имеешь, с тем, кто тебе близок, или с тем, кто об этом попросит.

◇ Думай о процессе — работай на результат.

According to the Russian Constitution, all these republics, krais, oblasts, cities of federal importance, the autonomous okrugs and autonomous oblast are all equal subjects of the Russian Federation. In other words: Russia's structure and size is not only too large, but far too complex.

How is the need to hold this large and diverse country together reflected in the values of Russians at an individual level?

Ania once asked me to make a list of all the values (or at least what I today would consider values) I have from childhood, and she would make a similar list of *her* values.

This is my list (in no particular order):

◇ Behave well

◇ Be polite

◇ Be respectful

◇ Say sorry when you know you should

◇ Be tidy and wash your hands

◇ Be on time

◇ Never postpone what can be done today

◇ Do not be mean to anyone

◇ Be kind

◇ Don't swear

This is Ania's list (also in no particular order):

◇ Be humble.

◇ Share all that you have with those who are close and with everyone who asks.

◇ Think about the process – work towards the result.

- ◇ Деньги — это зло, не работай ради денег.
- ◇ Все материальное — суета сует и не может иметь самостоятельной ценности.
- ◇ Дружба — самая ценная вещь на свете.
- ◇ Учиться, учиться и еще раз учиться.
- ◇ Не навязывай своего мнения окружающим — личное мнение всегда есть отражение собственного эго.
- ◇ Люби родину.
- ◇ Люби свою маму, какой бы она ни была.

Возможно, я несколько домысливаю, но, по-моему, мой перечень наглядно демонстрирует: я вырос в 1960-е — 70-е годы в Норвегии, в христианской протестантской культуре, в которой основной акцент делался на доверительных отношениях и на взаимном уважении.

Аня выросла в Советском Союзе, и, думаю, перечисленные ею ценности явно отражают поведение, которое ждали от «Homo Sovieticus'а»: патриотичное, самоотверженное, никаких материальных притязаний.

Наш разный бэкграунд, наши несхожие ценности могут и сейчас, и в дальнейшем быть источником непонимания и даже конфликтов. Однако, скорее всего, полагаю, они будут источником интересных расхождений, позволяющих нам взглянуть на одно и то же событие с разных ракурсов и раскрыть глаза на разнообразие человеческого восприятия. Для нас двоих это неисчерпаемый источник юмора и познания нового.

◇   Money is evil – don't work for the sake of money.

◇   All material stuff is rubbish and cannot have a value.

◇   The most valuable thing in life is friendship.

◇   Learn, learn, learn.

◇   Do not impose your own opinion on others – your opinion is selfish.

◇   Love your motherland.

◇   Love your mother, no matter what.

Now maybe I am over-interpreting what I see, but I believe that my list reflects very well that I grew up in the 1960s and 70s in Norway, a Christian protestant culture with a focus on trustfulness and respectful behavior.

Ania grew up in the Soviet Union and I believe the values she recalls reflects how the "Homo Sovieticus" was supposed to behave: unselfish, patriotic and without material desires.

In any case our different backgrounds, as reflected by our different values can every now and then be the source of misunderstanding and even conflict. However, most of all, I believe they are the source of very interesting differences that can make us look at the same event with very different understanding and open our eyes to the variety of human perception. This is a constant source of laughter and learning for us both.

17. У нас так много общего!

У Скандинавии и России много общего. Начать хотя бы с того, что наши истории переплелись. Скандинавы основали Русь!

Викинг по имени Рюрик (в норвежском языке его имя пишется как Rørik, в западном диалекте древнескандинавского языка — Hrœrekr) был реальной исторической фигурой. Приблизительно в 862 году в Новгородских землях он взял под свое управление Старую Ладогу (так это место обозначено на карте современной России) и основал там поселение, получившее название Рюриково Городище (Holmgard).

Династия Рюриковичей считается первой правящей династией России. В древних Новгородских летописях можно прочитать, что северных князей пригласили для наведения порядка, усмирения межплеменных междоусобиц и защиты земель от иноземных завоевателей (кочевых тюркских племен).

Славяне, согласно легенде, созвали общий сход, где и решили пригласить на правление трех братьев из племени викингов (варягов), а называлось это племя Русью. Викинги пришли со своей профессиональной армией, и Рюрик (приведший своих двух братьев) стал первым князем и родоначальником династии, основавшей, как впоследствии оказалось, Русское царство.

Рюрик правил до 879 года, до самой смерти. Его потомок перенес столицу из Новгорода в Киев, где основал Киевское княжество, которое процветало до 1240 года, до вторжения в Восточную Европу татаро-монгол. Последним Рюриковичем, правившим на Руси,

17. We have a lot in common

Scandinavia and Russia have a lot in common. First of all our history is intertwined. "Scandinavians" established Russia!

The Viking Rurik (which comes from the Norwegian spelling Rørik which is based on West-Norrønt Hrœrekr) was a historical figure who took control of Staraya Ladoga in today's Russia around the year 862 and built a settlement called Holmgard (Ryurikovo Gorodische) in Novgorod.

The Rurik dynasty is considered to be the first ruling dynasty in Russia. In the old Novgorod Chronicle we can read that Nordic princes were invited to bring order to internal tribal conflicts and to defend the land against foreign attackers (nomadic Turkic tribes).

A public meeting was called by the Slavs, according to the legend, and it was decided to invite the three brothers from the Viking ("Varyager") tribe called Rus to rule over the Slavs. The Vikings brought their professional army and Rurik (who also brought his two brothers) became the first king and founded the dynasty that eventually established the Russian kingdom.

Rurik stayed in power until his death in 879. His descendant moved the capital from Novgorod to Kiev, and thereby established the kingdom of Kiev that ruled until 1240 when the Mongols

был Василий IV, умерший в 1612 году.

Таким вот образом викинг Рюрик и его потомки создали государство, ныне известное как Россия, и управляли им 700 лет.

Я приступил к изучению русского языка. Моя мечта — прочесть в оригинале Толстого, Достоевского, Пушкина, Гоголя, Чехова и многих других русских авторов. Это для меня самая мощная движущая сила. Изучение русского языка в списке моих неотложных дел находится на одной из первых позиций, и я справлюсь с этой задачей! Даже несмотря на смущающий меня пропуск (в конструкциях настоящего времени) глагола «быть»!

Русские люди любят своих писателей. Почти в каждом доме, который мне довелось посетить в России, я встречал портреты (или бюсты) поэтов и писателей из упоминавшихся мною ранее.

Когда я первый раз с этим столкнулся, я даже стал расспрашивать Аню — я решил было, будто семейство, в котором мы гостили, находилось в родстве с Толстым! Я был очень впечатлен. Аня же со смехом объяснила, что это практически русский фетиш: портреты писателей встречаются чаще, чем фотографии родственников.

> **Таким вот образом викинг Рюрик и его потомки создали государство, ныне известное как Россия, и управляли им 700 лет.**

Русские также любят классическую музыку, танцы, оперу и театр. Я, «продвинутый» скандинав, не пылаю такой же глубокой страстью к классической музыке, как Аня, что, однако, сулит мне новые открытия и удовольствия, которые мы разделяем с моей женой. Как-то мы собирались слушать «Аиду», я в шутку сопротивлялся и сказал Ане, что уже слушал эту оперу раньше. Аня расстроилась и просила никогда больше так не говорить — «мы же не на голливудский фильм собрались».

invaded Eastern Europe. The last Rurikid to rule Russia was Vasily IV, who died in 1612.

So that is how the Viking Rurik and his descendants established what today is Russia and ruled for 700 years.

I have tried to learn a little Russian. My desire to read Tolstoy, Dostoyevsky, Pushkin, Gogol, Chekhov, and many more in the original language is a strong driving force. To learn Russian is quite high up on my "to do" list and I will learn it, despite its confusing absence of the present tense of the verb "to be"!

Russians love their poets. In almost every Russian home I have visited I have seen portraits (or small sculptures) of one or more of the authors I have mentioned above.

I asked Ania about this the first time I saw it, because it made me think the family we were visiting were related to Tolstoy! I was very impressed. Ania laughed and explained to me that this is almost a Russian fetish and it is even more common than having pictures of your real family.

Russians also love classical music, dance, operas and theater. As a "modern" Scandinavian I do not have the same deeply rooted love for classical music as Ania has, and it has opened a new chapter for me to discover and enjoy this with her. Once we were going to see Aida and I jokingly protested to Ania that I'd already seen it. Ania was rather upset and told me never to say that again: it was not a Hollywood movie we were going to see.

So that is how the Viking Rurik and his descendants established what today is Russia and ruled for 700 years.

С другой стороны, меня потрясает, как много фильмов она пропустила, как много книг западных авторов не читала. Мы немало времени отдаем взаимному просвещению, делясь своими любимыми произведениями, — и это воздается сторицей.

On the other hand, I am amazed at all the movies she has not seen and all the Western literature she does not know. We spend a lot of time educating each other about our favorite works, and it is immensely rewarding.

18. Забавные (и странные) привычки русских

Когда поживешь с человеком хотя бы недолго, начинаешь подмечать разные шаблоны его поведения. Поначалу можно и не заметить разных поведенческих особенностей, списав их на обстоятельства, которые могли заставить партнера сказать или сделать что-либо странное.

Помнится, в самом начале наших отношений я неизменно приветствовал Аню при встрече вопросом «как ты?». Я ждал ответа в духе: «Спасибо, хорошо, а ты как?» Однако же она всегда отвечала пространно и подробно. Сначала я думал, это потому, что мы не виделись какое-то время, так что пусть рассказывает. Но когда все то же самое происходило при каждодневных встречах, я стал думать, а не подшучивает ли она надо мной. Когда я поделился с Аней своим замешательством, она объяснила: в России, если у человека интересуются его делами, принято о них и рассказывать. У русских не принято спрашивать «как ты?» просто из вежливости. В американской и европейской традиции вопрос «как ты?» почти то же самое, что пожелание доброго утра — это просто приветствие. Мы от души посмеялись над нашим взаимным недопониманием, и сейчас Аня отвечает на вопрос коротко. С другой стороны, и я сам привык к тому, что не стоит интересоваться у русских их делами, если, конечно, ты не готов при этом выслушивать длинный и подробный ответ.

Когда я отправляюсь в поездку или же выезжаю из отеля и собираюсь домой, я обычно тороплюсь. По-моему, когда уезжаешь, нет никаких причин тянуть время. В самом начале совместной жизни,

18. Charming (and strange) Russian habits

When you live with someone for a while you start to recognize some patterns. At first you may not take notice of a specific behavior because you think it's just circumstance that made your partner say or do something strange. When it repeats itself you start to wonder.

I remember in the early days of our relationship when we'd meet each other, I would greet Ania with "how are you?". I would expect an answer like "I'm fine, thank you, and how are you?". She would however give me a long and detailed answer. At first I thought, okay, we haven't seen each other for a while, so why not. But when the same thing occurred even when we met on consecutive days, I started to wonder whether she was joking with me. When I mentioned my confusion to her, she explained that when a Russian is asked how they are, they respond by answering the question. Russians usually don't ask "How are you?" just to be polite. In the American and European tradition "how are you" is a little bit like "good morning": just a greeting. We have laughed off this misunderstanding and today Ania will respond much more succinctly to the question. On the other hand, I have learnt that to ask a Russian how they are is not the thing to do, unless you want a lengthy and detailed answer.

When I leave for a trip or I leave a hotel to return home, I usually do it in a hurry. In my opinion there is no reason to waste any time if you are leaving anyway. Ania got annoyed with me and vice

когда мы путешествовали или вместе выезжали откуда-нибудь, Аня досадовала на меня, а я на нее. Мне казалось, что она была невыносимо медлительной, а я в ее глазах выглядел чересчур бойким. Когда все, наконец, было уложено, и мы были готовы к выходу, Аня, как правило, говорила: «Присядем на дорожку». Меня это выводило из себя: «Зачем? Пошли!» Аня считала, что русский обычай присесть перед отъездом и помолчать пару минут известен всем. Когда она сказала мне, что это традиция, которой она сама неизменно следует, я подумал, что это очень разумно. После того, как я выработал у себя эту привычку, я перестал забывать ключи, кошелек, зарядку к компьютеру и много чего еще. Всегда хорошо брать с собой в дорогу и душу, и голову. Особенно в наше напряженное время.

Аня знает несчетное количество анекдотов. Я обнаружил, что это тоже такая характерно русская особенность. Иногда анекдот это просто шутка, иногда серьезное размышление, а иногда — страшная история. Когда Аня говорит о чем-нибудь, она может вдруг перебить себя фразой: «Между прочим, есть анекдот на эту тему». И начинает рассказывать анекдот, который вовсе не обязательно будет связан с предметом разговора. Эту «традицию анекдотов» я замечал и у моих русских друзей. Обладание талантом рассказчика анекдотов в русском обществе ценится как признак сильного характера и живого ума. Все весело посмеются над хорошим анекдотом, и никому не надоест ни рассказывать, ни слушать одни и те же истории снова и снова. Между прочим, это и есть суть традиции: постоянное повторение одних и тех же действий, которые нравятся своей предсказуемостью и доставляемым удовольствием.

versa in the beginning when we travelled together or when we were leaving from somewhere. To me it looked as if she were incredibly slow and for her it looked as if I was hyper active. When everything was packed and we were ready to go (and maybe at this time even a bit behind on time), Ania would say "let's sit down for a short while"! For me it was really frustrating. "Why, let's go"! Ania assumed that everyone would know the Russian tradition when you are leaving a place. You all sit down quietly for a few minutes before you leave. When she told me that this is a Russian habit she always will have with her, I realized that it's actually a very healthy tradition. After I adopted the habit I have stopped forgetting my keys, my wallet, the charger to my computer, etc. To let your soul and your mind leave together with you is a good thing. Especially in our stressful times.

Ania can tell an infinite number of what she calls "anecdotes". I have found out that this is also a very Russian thing to do. Sometimes the anecdote is a joke, sometimes a mindful reflection and sometimes a terrible story. When Ania talks about something she will all of a sudden say "by the way there is this anecdote about this". And then she tells a story (that not always has anything to do with what she just talked about). I have experienced the same "anecdote tradition" among Russian friends. To have a talent for telling good anecdotes is seen among Russians as sign of strong character and a vital mind. They will all laugh very well at a good anecdote, and they never get tired of telling (and listening to) the same anecdotes again and again. This is by the way the definition of a tradition: something you do again and again, you like it because it is predictable and enjoyable.

Русские тосты сильно отличаются от тех, что я знаю. В Норвегии, Швеции и Дании принято просто говорить «skål» (это слово обозначает маленький бочонок, и само выражение произошло от обычая пить из небольших бочонков. Впрочем, некоторые считают, что оно восходит к традиции викингов пить из скальпов врагов). В Англии говорят «cheers», в Германии — «zum Wohl» или «Prost», в Испании — «Saludos», в Италии — «Saluti», во Франции — «Santé».

Русские могут сказать «за здоровье», но это еще не все. Между прочим, среди не знающих русский язык существует очень распространенное заблуждение, идущее от голливудских фильмов, что русские, когда произносят тост, говорят «Ностровия» (это слово, на самом деле, не имеет никакого отношения ни к тостам, ни к чему бы то ни было вообще). «На здоровье» (искаженное «ностровия») говорят в ответ на «спасибо» — например, в ответ на благодарность за угощение. Однако мы отвлеклись от темы.

Когда русские говорят тост, это не просто «за здоровье» — они еще произносят длинную (и витиеватую) речь. Даже мы у себя дома, наполняя бокалы, не ограничиваемся простым тостом. Нужно что-нибудь сказать о чем-нибудь или о ком-нибудь — пожелать, например, всего хорошего. Чем длиннее, тем лучше. Когда русские собираются вместе, то тосты ходят по кругу, и каждый произносит небольшую речь с хорошими пожеланиями. Длинные, красивые и витиеватые тосты всегда принимаются на «ура».

Как-то у меня была возможность, и я просмотрел сразу много старых советских фильмов. Мне они действительно нравятся, и почти все можно смотреть с английскими субтитрами. Эти фильмы открывают окно в совершенно иное общество и иную жизнь, о которой мне ничего неизвестно. В то же время есть в них что-то отдаленно знакомое и вызывающее ностальгические чувства. Возможно, они

A Russian toast is very different from any other toasts I know. In Norway, Sweden and Denmark we will just say "skål" (a skål is a small barrel and the expression comes from the tradition of drinking from small barrels, but some claims that it also comes from the Viking tradition of drinking from the enemy's skull). In England "cheers", "zum Wohl" or "Prost" in German, "Saludos", "Saluti", "Santé" in Spanish, Italian, French etc.

Russians do sometimes say za zda-ró-vye (За здоровье) – literally meaning "to your health", but that's not the whole story. By the way, among non-Russians all over the world, there is a widespread misunderstanding, due to Hollywood movies, that the Russians say "Nostrovia" when they propose a toast, but this is not a drinking toast at all. Nostrovia is what you reply when someone says thank you (Spasibo) for a meal or a drink you gave them. However, that is beside the point.

When Russians toast they do not just say Za Zda-ró-vye. They will give a long (and complicated) speech. Even when we eat at home and have something nice in our glasses, it is not enough to just toast. You have to say something about someone or something – wish them well. The longer, the better. When Russians meet together the toast will go around the table and everyone has to give a small speech with good wishes. A nice, long and complicated toast will always be highly regarded.

In a relatively short time I have watched several old Soviet movies. I really like them, and most of them can be seen with English subtitles. They give an insight into a completely different society and

напоминают мне детство, когда, казалось, у нас было больше времени на реальную жизнь и на семью, всего-то пару поколений назад. Некоторые из этих фильмов очень хороши, они ироничные, и с намеком на критику существующего социалистического строя. Русские любят смотреть и пересматривать старые фильмы. Временами мне кажется, что русский язык повседневного общения весь пронизан цитатами из старого кино. Аня объясняла мне значение некоторых странно звучащих выражений — это всегда цитаты из того или иного старого советского фильма. Знание этих цитат ценится очень высоко. У меня сложилось впечатление, что из любого спора можно выйти победителем, всего лишь приведя в нужном месте нужную цитату из советского фильма.

В России считается невежливым приходить в гости без хотя бы символического подарка. Это могут быть цветы (цветов в букете всегда должно быть нечетное количество), шоколад, бутылка вина или что-либо подобное. С чем именно прийти, совсем неважно, главное — оказать внимание. У меня есть подобная привычка, в нашей стране так тоже принято, и я нахожу ее очень милой. Собираясь с Аней в гости, мы всегда что-нибудь приносим хозяевам. Хорошо, что эта традиция нас объединяет, но мы знаем и помним, что она существует не во всех культурах.

> **Длинные, красивые и витиеватые тосты всегда принимаются на «ура».**

У нас есть друзья из разных стран, и мы прекрасно понимаем, что они вовсе не хотят показаться невежливыми, когда приходят к нам в гости с пустыми руками. Мы в своем доме всем гостям всегда рады.

Я сомневался, стоит ли делиться этой историей, но Аня не возражает. Когда женщина в России собирается на прием к гинекологу, она берет с собой пару чистых носков, их принято надевать

a life that I know nothing about. At the same time there is something familiar and nostalgic about them. Only a few generations ago, we seem to have had more time for "life" and family and, maybe, I recognize this from my own childhood. Some of the movies are really good, with irony and indirect critique of the existing socialist reality. Russians love to see old Soviet movies, over and over. Sometimes it seems to me that the Russian daily language is built on quotes from old movies. Ania has explained strange quotes to me, and they are always from this or that movie. To know these quotes is seen as a merit. I believe you can win any discussion if you can deliver the right quote from an old Soviet movie, at the right time.

In Russia it is seen as very impolite if you visit someone without bringing a small gift. It can be flowers (it always has to be an unequal number of flowers if it is cut flowers), chocolate, a bottle of wine or whatever. What you bring is not so important as long as you bring something. I am used to the same custom from my own country and I find it very nice. Whenever Ania and I go to see someone we always have to make sure that we have something to give to our hosts. That we share this custom is good but we know that it is not the same tradition in all cultures. We have friends from different countries and we do understand that they are not impolite if they don't bring something. People are always welcome in our house.

> **A nice, long and complicated toast will always be highly regarded.**

I have been in doubt if I should share this story with you, but Ania has assured me it is okay. When a woman sees the gynaecologist in Russia she has to bring with her clean socks to put on

во время врачебного осмотра. Аня не знает причины такого странного требования. Может, просто много лет назад кому-то пришло в голову это глупое правило, и с тех пор так и не нашлось человека, кто бы его отменил, а может, гигиенические стандарты были низкими? В любом случае, когда Аня собиралась на свой первый прием к гинекологу здесь, в Швейцарии, и врач попросил ее раздеться, она поинтересовалась, следует ли ей надеть носки (которые предусмотрительно приготовила). Гинеколог выдержала долгую паузу, потом произнесла: «Ну если хотите…» Аня очень смутилась, когда поняла, что такого требования в Швейцарии нет.

Еще один забавный инцидент, связанный с Аниным гинекологом, случился почти сразу после ее переезда сюда. Она ожидала звонка от своего доктора, который должен был назначить час повторного приема. В то же самое время я отогнал Анин автомобиль в гараж — его «переобували» на зиму. Позвонил телефон, и кто-то заговорил на швейцарском немецком. Аня не поняла ни слова, но была уверена, что звонили из приемной врача, назначить время. Аня ответила по-английски, что у нее менструация, и, наверное, лучше бы подождать ее окончания. Тишина на том конце провода; в конце концов, голос нерешительно произнес: «Ладно». Когда я вернулся, я спросил Аню, не звонили ли насчет машины — ее обещали подготовить к обеду. «О господи, — сказала Аня, — я думала, что это звонил гинеколог!»

during the consultation. Ania doesn't know the reason for this strange procedure. Is it because someone a long time ago made a stupid rule about it and nobody has questioned it ever since, or is it because personal hygiene standards in some cases can be poor? In any event, when Ania visited her gynaecologist here in Switzerland for her first annual check-up, and she was asked to get undressed, she therefore asked if she should put on clean socks (that she had brought with her). After a long pause, the gynaecologist muttered, "…If you like…". Ania was a little embarrassed when she realised that the socks are not a requirement in Switzerland.

Another funny little incident with reference to her gynaecologist happened a short time after Ania moved here. She was expecting a call from her gynaecologist for a follow up consultation. At that time I was away delivering Ania's car to the garage to switch to winter wheels. Her phone called and someone said something in Swiss German. She couldn't understand anything but was sure that this was from the gynaecologist's office about her appointment. Ania replied in English that she was having her monthly period and that she should probably wait until it was over. All went quiet at the other end, until they said a hesitant "okay"! When I came home I asked Ania if they had called about the car, as it should be ready this afternoon. "Oh my God", Ania replied, "I thought it was the gynaecologist"!

19. Оплата счетов

Аня рассказывала мне про свою первую поездку в США. Это было в начале 90-х, сразу после распада Советского Союза. Когда она попыталась снять комнату в отеле и взять в аренду автомобиль, то столкнулась с неожиданной и неизвестной ей ранее трудностью. У Ани не было кредитной карты, а наличные не принимались. Конечно, в ее кошельке лежали доллары, но все требовали кредитку. Решение пришло, когда она догадалась обменять свои деньги на тревел-чеки American Express. «Они больше доверяли каким-то бумажкам, чем настоящим деньгам!» — поражалась Аня.

Способ оплаты, которым мы пользуемся, много говорит о том, насколько развита экономика страны.

В стране с развитой экономикой оплата наличностью выглядит все более и более странной и со временем станет совсем невозможной. В настоящее время платежи представляют собой скорее электронные передвижения сумм со счета на счет, нежели «перетекания» реальных денег.

Россия в этом отношении — все еще в основном страна наличности. Сравнительно небольшой процент населения имеет банковские карты и подключен к интернет-банкингу. Я встречал людей, у которых были кредитки, но они продолжали платить за себя в ресторанах наличными. Покупки оплачиваются сразу же живыми деньгами. Даже когда люди покупают что-то крупное — будь то мебель для дома или офиса, автомобиль или квартира, — предполагается, что платить будут живыми деньгами. Поставщик услуги просто не выпишет счет на оплату.

19. Paying your bills

Ania has told me about her first visit to the USA. This was in the early 90s after the Soviet Union collapsed. She experienced an unfamiliar and strange challenge when she wanted to rent a hotel room or car. Ania didn't have a credit card and they wouldn't take her cash. She had US dollars of course, but they demanded a credit card. The solution was that she had to exchange her money into American Express Travellers cheques. "They trusted more in a piece of paper, than in my real money!" Ania explained.

How you pay tells a lot about how advanced a country's economic system is.

In a country with a modern financial system, it will be more and more strange, and eventually impossible, to pay with cash. Today payments are electronic transfers of digital numbers between accounts, rather than real money.

Russia is however still very much a cash-based economy. Relatively few people have credit cards or online banking solutions. I have seen that even people that do have credit cards pay in cash at restaurants instead of with their credit card. If you buy something you pay for it right away – in cash. Even when you make an investment in something substantial like furniture for your home or office, a car or a flat, you are expected to pay in cash. The provider will not send you an invoice.

Среди причин такого положения дел — и недостаток доверия, и неэффективная банковская система, и высокие проценты по проводимым по карте транзакциям, и цветущая махровым цветом «серая» экономика.

Если надо перевести деньги на чей-то счет, приходится идти в банк, дожидаться своей очереди, и только потом будет оказана банковская услуга, сопровождаемая оформлением груды бумаг и, соответственно, высоким процентом сервисных отчислений. Если же вдобавок «повезло» не взять с собой паспорт или другие необходимые документы, то приходится возвращаться домой несолоно хлебавши, и испытывать судьбу по новой.

Когда Аня жила в Москве, она получала по почте только счета за электричество и газ. Ей приходилось оплачивать их в банке, и это всегда вызывало досаду. Пару раз, когда она ходила в банк по другим делам — к примеру, переводила деньги с одного своего счета на другой, — я сопровождал ее, и каждый раз поражался, как невообразимо много времени все это занимало.

Недостаток доверия и неэффективная банковская система — мощные источники издержек в любой экономике.

Россия — все еще в основном страна наличности.

Начиная с 1991 года Россия демонстрировала значительный прогресс в борьбе с бедностью и в сближении своего уровня доходности с показателями наиболее развитых экономик. Этот прогресс в последние годы в значительно большей степени зависел от высоких цен на нефть, нежели от реальных экономических реформ. Стоит добавить, что показатели уровня жизни выросли, но существенно расходятся и в различных регионах, и на уровне частных лиц.

The reasons are lack of trust, an inefficient banking system, high fees on credit card transactions, and a thriving black market.

If you need to make a payment to someone's account you will have to go to a bank, wait to be served and then your request will be handled with a lot of paperwork and at a high charge. If you forgot your passport and other necessary documents, you just have to go home and try again another day.

The only bills Ania received through the post when she lived in Moscow were her electricity bill and the gas bill. She had to bring this to her bank to pay them, and it was always a necessary annoyance. I have been with her on a couple of occasions when she had to do some bank business, transferring money between her own accounts, and I have been amazed about how long it can take.

Lack of trust and an inefficient banking system is a huge "cost-driver" in the economy.

Russia is however still very much a cash-based economy.

Russia has made a lot of progress since 1991 in reducing poverty and catching up with the income level of more advanced economies. This progress has depended heavily on the high oil prices in the past years, rather than on real reforms of the economy. The increased standard of living is also very unequal, both between regions and between individuals.

Неблагоприятный инвестиционный климат — серьезный тормоз для российской экономики. Не действует принцип верховенства права, процветает коррупция, и во всех сферах экономики заметно государственное участие.

Эффективную и результативную платежную систему можно считать краеугольным камнем экономического развития страны. Она активизирует торговлю, контролирует и лимитирует сопутствующие риски при перемещении значительных ценностей, а также снижает издержки и экономит время, которое занимают переводы платежей. Способ повышения эффективности платежной системы — не только и не столько обновление технического оборудования и программного обеспечения. Первостепенной задачей становится решение наиболее серьезных проблем: коррупции, неадекватных правовых механизмов, несовершенства налоговой системы, неразвитой инфраструктуры и пр. Перечень долгий. Я убежден в том, что только в далеком будущем у России получится создать эффективную и результативную платежную систему.

Каждый раз, когда я или кто-то из знакомых упоминал в разговоре об оплате счетов, Ане это казалось странным. Она спрашивала, что имелось в виду, какие счета? Ей было непривычно получать счета, потому что сама она раньше за все платила наличными деньгами. Телефон был на тарифе с предоплатой, страховка, медицинские услуги, бензин для автомобиля, аренда жилья и все остальное оплачивалось наличными, чаще всего без какого-либо чека или счета. Для нее это было новым опытом — наблюдать за тем, как я с помощью системы интернет-банкинга оплачивал множество счетов, как частных, так и бизнеса. Счета приходили и по обычной почте, и по электронной. Замечу, что я оплачиваю свои счета с помощью интернет-банкинга вот уже около 20 лет.

The poor business climate is a serious handicap for the Russian economy. The rule of law is inefficient, corruption is wide-spread and the state is involved in all aspects of the economy.

An effective and efficient payment system is crucial for a country's economic development. It will support the development of commerce, control and limit the inherent risk in moving large values, and reduce the cost and time devoted to the transfer of payments. The solution for an effective payment system is of course not only to obtain modern computer hardware and software. The first task is to fix the most serious problems: corruption, inadequate legal structures, tax system, infrastructure etc. The list is long and I am convinced we will be far into the future before Russia has an effective and efficient payment system.

For Ania it was a little bit strange when I or someone else talked about "paying the bills". She would ask me what I meant, what bills? Ania was not used to receiving bills, because everything was paid and settled right away. The telephone was prepaid, insurance, medical treatment, gas for the car, rent, etc. were all paid in cash, most without a written bill or an invoice. It was new to her to see that I paid a lot of bills (via my online banking system) – both private and business bills – that arrived in the post or by emails. By the way, I have paid my bills via online banking for the last 20 years or so.

Сейчас Аня занимается управлением своего бизнеса из Швейцарии. При отправке счета на оплату своим российским заказчикам она научилась вести себя жестко. Анины условия таковы, что оплата должна проходить незамедлительно, как только заказчик получает счет. И все же ей приходится отправлять им довольно суровые письма, чтобы быть уверенной, что заказчики (по крайней мере, некоторые из них) на самом деле собираются производить оплату в какой-то разумный срок. Аня всегда просит подтвердить по электронной почте получение счета. Обычный в таких случаях ответ: «Да, получили, спасибо». Следующим сообщением Аня просит подтвердить оплату счета. Ответ часто бывает в духе: «Бюджет на август уже закрыт (?!), счет будет проводиться следующим месяцем, вы можете ожидать перевода денег в октябре»! Анин типичный ответ в таком случае таков: «Меня не интересуют ваши внутренние процедуры, вы давным-давно получили деньги, которые должны были мне заплатить, и, согласно нашим договоренностям, платеж уже просрочен. Поэтому я ожидаю перевода денег завтра!»

Обычно жесткий тон срабатывает, но все это, в конечном счете, превращает бизнес в предприятие весьма высоких издержек (учитывая временные интервалы, лишние траты сил и энергии, а также риск потери покупателей).

Ania now runs her business from Switzerland. She has learnt to be tough when dealing with Russian clients. Ania's conditions include immediate payment after invoicing a client. However, she has to write them quite tough emails to make sure that they really do pay within a reasonable time (at least for some of them). Ania will always first send an email asking if they received her invoice. Typically, they will just answer "yes, we did, thank you". Then she will write back and ask if they have paid. They may say something like, "The budget for August is already closed (?!), this invoice will be processed next month and you can expect your payment in October"!!! Ania will write back something like "I have no interest in your internal procedures, you have collected the money you are supposed to pay me a long time ago, and it is already overdue according to our agreement, I expect your payment tomorrow"!

With a tough tone it usually works, but this is of course at a very high extra cost of doing business (time and unnecessary energy spent plus the risk of losing a customer).

20. Березки — особая любовь русских

У Ани есть знакомая, русская, уже более 20 лет живущая в Германии. Там родились ее дети, там у нее свой бизнес — в общем, вся ее жизнь уже там. Как-то она рассказала Ане, что вскоре после переезда в Германию ее навещали родственники и друзья: они приехали посмотреть, как обустроилось семейство в новой стране. Конечно, Анина подруга была рада показать, как хорошо им живется, поделиться с близкими открытиями и впечатлениями о своей новой жизни.

Любому, кто переезжал в другую страну, знакомо это стремление поделиться новым опытом со своими родственниками и друзьями, оставшимися дома. Хочется получить одобрение, подтверждение правильности своего решения. Мне самому знакомо это чувство, потому что более половины своей жизни я прожил за пределами своей родины.

Подруга сказала Ане, что все ее русские гости были впечатлены увиденным в Германии. Им все понравилось: качество жизни, изобилие, прекрасная природа, высокий уровень безопасности — однако всегда звучал вопрос: «Но здесь у вас нет березок — неужели ты не скучаешь по русским березам?!»

Наверняка эта женщина скучала по многому в России, но, как она заметила, «это типичный для русских стереотип, будто березы растут только в России». Реакция родных была явным знаком того, что на самом деле никто не одобрял ни ее нового окружения, ни ее жизни, ни всех ее попыток вписаться в новую среду. Это отравляло ту радость, которую она ожидала испытать, делясь рассказами

20. Berezka – Russians love their birches

Ania has a Russian friend who has lived in Germany for more than 20 years. Her children were born there and her business is located there, basically her whole life is there. She once told Ania that soon after they settled in Germany they had a lot of friends and family to see them, to see how they were getting on in their new country. Ania's friend was of course excited to show her friends and family how good her new life was, with all its new impressions and discoveries.

Anyone who has shared this experience of moving to another country will recognize the need you have to share it with your friends and family back home. It is a kind of confirmation you are seeking, or "reinforcement" of your decision; you want recognition that what you did was indeed the right thing.

I know this myself, since I have lived half of my life outside my homeland. Ania's friend told Ania that all their Russian visitors were impressed with what they saw in Germany. They liked everything: the wealth, the abundance of everything, the beautiful nature, the security, but usually they would say something like, "But you don't have berezka (birch trees) here, don't you miss the Russian berezka?!"

Ania's friend probably did miss a lot of things from Russia, but, as she said, "It is a typical Russian stereotype that birches only grow in Russia". Their response showed they didn't really approve of her new environment and life, and of all the efforts she had made to settle there. It spoiled some of her happiness of sharing her new

о своей жизни. Аня и сама имела похожий опыт после отъезда из России. Некоторые знакомые, вместо того чтобы пожелать ей удачи на новом месте, спрашивали, что заставило ее все бросить и уехать.

Любой переезд — испытание, а переезд в другую страну и подавно. Язык, повседневные проблемы, регистрация, работа, налоги, документы, и т.п. — все ново и все непонятно. А еще и эмоциональная подавленность от вынужденной разлуки с родными, близкими людьми и старыми друзьями. И в таких обстоятельствах желание получить одобрение затеи с переездом кажется вполне естественным и оправданным.

Так откуда же возникает такая реакция со стороны друзей и родных? Только ли русским она свойственна? Думаю, любая культура будет пытаться «задержать» человека. Мне приходилось все это испытать на себе («Разве ты не скучаешь по скандинавской еде, по своему родному языку, по белым ночам?..»). Однако я предполагаю, что если жизненные условия в стране, которую вы покидаете, довольно суровы, то реакция типа «вам не следует уезжать» будет доминировать.

> **Им все понравилось: качество жизни, изобилие, прекрасная природа, высокий уровень безопасности — однако всегда звучал вопрос: «Но здесь у вас нет березок — неужели ты не скучаешь по русским березам?!»**

Все мы существа социальные, а потому, когда вдруг кто-то (и, может, даже не один) в поисках лучшей доли покидает нашу проблемную «деревню», вполне естественно чувствовать отчаяние и волнение: «а что же со мной-то будет?».

Норвегия — страна небольшая, в ней живет меньше пяти миллионов человек. Норвежским языком владеет не так уж много людей; географическая локализация страны подталкивает ее жителей

experiences with them. Ania had almost the same experience when she left Russia. Some people asked her why she had left them, rather than wishing her good luck.

To relocate is a big challenge no matter what, but to relocate to another country is the ultimate challenge. Language, practical everyday tasks, registration, job, taxes, documents… everything is new and challenging. In addition there is the emotional privation you feel in not being close to your family and old friends. You naturally want some "approval", some confirmation that it is all worth it.

> They liked everything: the wealth, the abundance of everything, the beautiful nature, the security, but usually they would say something like, "But you don't have berezka (birch trees) here, don't you miss the Russian berezka?!"

Why this reaction, then, from your friends and family? Is it typically Russian to react this way? First of all, it is not typically Russian. I believe any culture will exhibit this tendency of trying to "hold on" to you. I have experienced some of it myself ("Don't you miss Scandinavian food, talking your own language, the bright summer nights…). However, if the living conditions in the country you are leaving are tough, I believe the attitude of "You shouldn't leave us" will be more strongly expressed. We are social beings and when we see that someone (and maybe many) are leaving our troubled "village" to seek fortune somewhere else, it is natural to feel a kind of despair and a feeling of "What will become of me?".

Norway is a small country, with a population of less than 5 million. Since Norwegian is not spoken by all that many people, and the country's geography and location encourages Norwegians

к исследованию внешних рынков и ресурсов — мои земляки всегда много путешествовали. А потому учить иностранные языки и иметь открытый взгляд на мир кажется вполне естественным: наша культура гордится норвежцами, в поисках лучшей жизни отправившимися покорять иные земли.

Нашим обществом одобряется получение образования за рубежом. Правительство даже выделяет деньги в виде грантов для оплаты обучения в иностранных университетах. Предполагается, что человек вернется на родину вместе с приобретенным багажом знаний, новыми умениями и взглядами, которые и ему пригодятся, и смогут послужить на пользу всей стране.

Для такой большой страны, как Россия, скорее характерен другой подход. «Нам не нравится, когда люди уезжают. Наша страна может предложить условия не хуже, если даже не лучше. Российский рынок огромен, и тратить время на поиски лучшей жизни за рубежом — занятие пустое».

Можно ли подобную реакцию считать индикатором российского недостатка уверенности в себе, даже своего рода комплексом неполноценности? Убеждая других, что дома все просто отлично, эти люди и себя пытаются в этом убедить. Между тем количество покидающих страну способных молодых людей приближается к той отметке, которая сигнализирует об утечке мозгов. Остающиеся обостренно реагируют на подобное явление; они все решительнее настаивают на том, что в России престижно жить и работать, пытаясь таким образом забыть о собственной заброшенности.

Да, чуть не забыл сказать: березы растут по всей Европе, даже в Швейцарии. Но справедливости ради стоит отметить, что таких красивых берез, как в России, мне нигде встречать не доводилось.

to explore external markets and resources, Norwegians have always travelled abroad. It is natural to learn other languages and to have an open outlook on the world.

The culture is therefore much more proud of all the Norwegians who have travelled abroad to seek their fortunes. To have an education from abroad is seen as a merit. The government even grants money to pay the fees at foreign universities. The motivation is that maybe you will come back home and bring your international know how and perspective with you, which will benefit the whole country.

For a large country like Russia it seems attitudes tend in the opposite direction. "We don't like that you leave. Our country can offer you the same, and even better, here, at home. Russia is a big market, you don't have to waste your time looking abroad".

Could this be indicative of Russia's lack of confidence in itself, even a kind of inferiority complex? People insist that things are just as good here at home, to try to convince themselves of that fact. All the while the numbers of able young people leaving the country is reaching the proportions of a brain drain and those who are left take it personally, insisting Russia is an attractive place, trying to assuage the pain of abandonment.

And by the way, birches grow all over Europe, even in Switzerland, but admittedly, I never saw more beautiful berezkas than in Russia.

21. Скука

Часто от русских друзей приходится слышать вопрос: «Вам не скучно жить в Швейцарии?» Очевидно, представление о Швейцарии как о скучном месте широко распространено. Обычно мы отвечаем примерно следующее: «Для нас она вовсе не скучная, а даже наоборот — эта страна предлагает много возможностей, но если вы полагаете скучными эффективную организацию и предсказуемость, то да, в таком случае вы правы».

Но если вдруг у нас возникнет желание попытать счастья где-нибудь, где жизнь плохо структурирована и полна неожиданностей – что ж, в мире столько стран, куда можно отправиться в отпуск!

Швейцария не похожа ни на одно из европейских государств. Подобной демократической системы нет нигде в мире. Швейцарию считают страной с самой стабильной политической системой. И при этом в Швейцарии нет парламентской демократии.

Швейцария — это конфедерация, то есть страна состоит из нескольких политически независимых административных единиц. В Швейцарию входят 26 кантонов, в каждом кантоне есть своя Конституция, и наблюдается высокий уровень автономии. Кантоны разбиты на муниципалитеты (Gemeinde) и, если учитывать количество населения, составляющего всего около 8 миллионов человек, то Швейцарию можно считать государством с самым большим количеством муниципалитетов — 2495. Это многое говорит о степени децентрализации государства.

21. Boring

We often hear the question from our Russian friends, "Isn't it boring to live in Switzerland?" There is obviously a wide spread perception that Switzerland is a boring country. Our reply is usually along the lines of, "We don't find it boring, on the contrary, there are many opportunities, but if by boring you mean well-organized and predictable, then yes, you are probably right".

However, if we want to experience somewhere that is disorganized and unpredictable, there are many other countries to choose from to visit for vacation!

Switzerland is different from any other European country. Yes, it is hard to find a similar democratic system anywhere in the world. Switzerland is considered to be one of the most stable political systems in the world. Switzerland does not have a parliamentarian democratic system.

It is a confederation, which means it consists of several independent political entities. Switzerland has 26 so-called Cantons and each Canton has its own constitution and comprehensive autonomy. The Cantons are divided into municipalities (Gemeinde) and, relative to the population of approximately 8 million, Switzerland must be the country in the world with the most municipalities: 2495. This reflects how decentralized the country is.

Как правило, чем более однородно население, тем более вероятно, что страна будет стабильной. Швейцария же, наоборот, весьма неоднородна — и по территории, и в лингвистическом отношении, и в религиозном. Политическая стабильность напрямую связана с децентрализованной системой, которая дает возможность самоуправления каждой группе населения. Какие бы ни предлагались поправки в Конституцию или законодательство, все они выносятся на референдум. Право инициировать конституционные или законодательные поправки дано и самим гражданам. Благодаря такой системе Швейцария, по сравнению с любой другой европейской страной, обладает самой сильной демократией, причем эта демократия — прямая.

Интересно, что для многих людей прогнозируемость и стабильность — признаки скуки. И мало того, считается, что такая скука плоха по определению! Возможно, потому, что в хаосе куда больше энергии, чем в порядке. Непредсказуемость порождает больше энергии, чем предсказуемость.

> **«Вам не скучно жить в Швейцарии?»**

Разрушение продуцирует больше энергии, чем созидание. Ведь разрушение здания — зрелище всегда более увлекательное, чем строительство, и к тому же занимает гораздо меньше времени! В разрушении есть колоссальная энергия, но это отрицательная энергия, которую обычно называют энтропией.

Возможно, когда мы молоды, не так важно, насколько все вокруг стабильно. В молодости мы более гибкие и жаждем нового опыта. При недостатке жизненного опыта даже хаос можно принять за нечто экзотическое и красочное. Лично у меня никогда не хватало терпения, если что-то не работало, как надо. Нестабильность

As a rule you are usually more likely to find stability when you have a very homogeneous population. Switzerland however is a very heterogeneous country regionally, linguistically and religiously. The political stability is directly linked to the decentralized system that gives each group the opportunity to govern themselves. Whenever there is constitutional change or a legislative amendment, it can be decided by referendum. Citizens can also directly initiate constitutional and legislative amendments. Through this system Switzerland has a stronger and more direct democracy than any other European country.

It is interesting that many people consider predictability and stability to be boring. Not only that, but it is held as self-evident that this kind of boring is inherently negative! The reason is probably that chaos has much more energy than order. Instability is more energetic than stability.

> "Isn't it boring to live in Switzerland?"

Disintegration has much more energy than integration. To watch a building being demolished is likely to be more exciting and takes much less time than to watch a building being built! There is simply much more energy in "things falling apart", but it is essentially "negative" energy, also called entropy.

Maybe when we are young it doesn't matter too much if there is a lot of unpredictability and instability around us. We are in general more flexible when we are younger, and hungry for experience. Without life experience we may also mistake chaos for something

и неэффективность меня выводят из себя. Это вовсе не значит, что я избегаю новых вызовов — я просто не выношу, когда что-то работает не так, как следует!

Итак, что же может предложить Швейцария, кроме своей скучной прогнозируемости и стабильности? Прежде всего, я бы сказал, ДОВЕРИЕ. Доверие между людьми, по отношению друг к другу, по отношению к институтам и власти — все это составляющие системы ценностей этой страны.

Подобного рода взаимное доверие — это привилегия, ценность которой неизмерима. Когда люди в принципе привыкли друг другу доверять, жизнь во всех своих аспектах становится намного легче. Между прочим, предсказуемость и стабильность — это необходимые предпосылки доверия.

Секрет успеха Швейцарии заключается в том, что страна в буквальном смысле делает деньги из своей культуры доверия. Швейцария экспортирует свои банковские и финансовые услуги (читай: доверие), фармацевтические продукты (и снова — доверие), эксклюзивные часы и высокоточные инструменты (доверие) и продукты сельского хозяйства (доверие).

У сотен международных корпораций головные офисы находятся в Швейцарии — и снова из-за доверия (политическая и экономическая стабильность, предсказуемость обстановки).

Швейцария привлекает состоятельных людей и компании, обладающие немалым капиталом — и это не причина швейцарского благоденствия, а скорее манифестация хорошо отлаженной системы. Согласно Глобальному инновационному индексу–2015, экономика Швейцарии занимает первое место в мире.

exotic and colorful. I personally have always had very little patience for anything that didn't work. I hate instability and inefficiency. That doesn't mean I cannot take change or that I don't like new challenges; just that I can't accept when things don't work as they should!

So what can Switzerland offer then, besides some boring predictability and stability? Well, first of all I will say Trust. Mutual trust – trust between people, towards each other and towards institutions and authorities – is part of this country's value system.

This kind of mutual trust is an asset with immeasurably high value. When people in general are disposed to trust each other it makes all aspects of life so much easier. By the way, predictability and stability are preconditions of trust.

Switzerland's secret of why it is so successful is that the country literally makes money on its culture of trust. The country exports banking and financial services (read: trust), pharmaceutical products (again, founded on trust), exclusive watches and precision instruments (trust) and agricultural products (trust).

Thousands of international and global corporations are headquartered in Switzerland because of trust (political and economic stability and predictable conditions).

That Switzerland attracts people and companies with money is not the cause of Switzerland's wealth however, rather it is the manifestation of a well-organized system. The economy of Switzerland ranks first in the world in the 2015 Global Innovation Index.

Что же может предложить эта страна семье, которая не хочет скучать? Во-первых, потрясающую природу. Неважно, где именно вы живете в Швейцарии, к вашим услугам и всегда рядом великолепные пейзажи. Любителям велосипедных или пеших прогулок, горных лыж или любых других занятий на свежем воздухе здесь просто раздолье. Дети могут гулять самостоятельно, без сопровождения взрослых ходить в школу или на внешкольные занятия — здесь безопасно.

Это маленькая страна с отлично развитой инфраструктурой, и потому не составит труда добраться до таких крупных городов, как Цюрих, Базель или Женева, где проводятся культурные мероприятия мирового уровня. Приехать в Швейцарию, а также выехать из нее совсем несложно. Это центр Европы, отсюда удобно путешествовать куда угодно, прямые авиарейсы связывают Швейцарию с почти любой точкой земного шара.

Традиционная швейцарская еда довольно тяжелая, зато всем доступны очень качественные продукты. Обратной стороной, несомненно, становится дороговизна жизни, но такова, к сожалению, цена стабильности и высоких стандартов. Я уже говорил и повторю еще раз: не существует ценности, у которой не было бы своей цены!

But what can the country offer a family who doesn't want to be bored? Well, nature is all around us. It takes no time to get to the most spectacular landscapes, no matter where you are in Switzerland. If you like hiking, biking, skiing and other outdoor activities then there is no limit to what is on offer. Children can get around on their own, to school or leisure activities, in a safe environment.

This is a small country with an effective infrastructure so you can get to fairly large cities like Zürich, Basel and Geneva relatively quickly for a cultural offering of the highest international level. To travel to and from Switzerland is also very easy. Being located in the heart of Europe you can fly directly to almost anywhere in the world.

Traditional Swiss food is quite heavy but the quality of the produce you can buy anywhere is very high. The downside of all this is of course that the cost of living here is high, but that is unfortunately the price of stability and a good life. I've said it before and I'll say it again: there is no value without a cost!

22. Как достичь успешного партнерства — в жизни и в бизнесе

Когда вас двое, счастливые моменты приносят в два раза больше радости, а груз бремени делится пополам. Возможно, люди и не должны быть моногамными на протяжении всей своей жизни, но очевидно, что любой человек, подыскивая себе партнера, всегда надеется на постоянные отношения.

В греческой мифологии человек изначально описывается как существо, сочетающее в себе сразу оба пола — и мужской и женский. Тогда люди были настолько могущественны, что смели посягать даже на богов. За подобную гордыню «Зевс-громовержец» наказал людей, разделив их на половинки. Говорят, что с тех самых пор каждый человек ищет свою половинку, чтобы обрести утерянную целостность, и что нет большего счастья для человека, чем, встретив ее, снова почувствовать свое внутреннее единство и личностную полноту.

Это замечательная история, прекрасно описывающая те чувства, которые мы испытываем по отношению к человеку, близкому нам по духу. Это чувство глубокого естественного родства приносит с собой интимную близость, душевный и физический комфорт, сексуальное влечение, духовное обогащение, любовь и доверие. Все это найти сразу в одном человеке очень трудно, но если такой находится, то отношения с ним вырастают в настоящее и очень плодотворное партнерство.

Партнерство как в бизнесе, так и в жизни и любви имеет ряд общих черт. Во-первых, чтобы стать партнерами, вы должны друг другу нравиться. Обычно трудно точно определить, что вам нравится

22. How to make your partnership successful – in life and in business

To be two makes happiness doubly joyful and sorrow half the burden to carry. Maybe human beings are not meant to be monogamous through our whole life, but it is sure that when we look for a partner, we want the relationship to become permanent.

In the Greek mythology humans were originally "one" without differences between man and woman. The humans had great strengths and threatened to even conquer the Gods. Zeus, the God of the sky and thunder, therefore split the humans in half as punishment for their pride. It is said that humans ever since have been seeking for our soulmate to become "one" again, and that when the two find each other they feel unified and would know no greater joy than that.

It's a great story that describes the feeling we have towards the person we see as our soulmate. The feeling of deep, natural affinity, that can involve intimacy, comfort, sexuality, spirituality, love and trust. To find all that we are looking for in one person is very difficult, but when we do, it can become a very powerful partnership.

Partnership in business and partnership in life/love have several communalities. First of all, you have to like each other to become partners. It is sometimes difficult to pin down exactly what it means to like someone. We sometimes use the term chemistry; "the

в том или ином человеке. Поэтому мы часто используем слово "химия". В таких случаях мы говорим: между нами есть "химия". На самом деле мы даже не догадываемся о том, насколько важна такая "химия" в человеческих отношениях. Животные, выживание которых зависит исключительно от социальных связей, выделяют так называемые феромоны. Это химический фактор, который вызывает ответный социальный отклик у представителей того же вида. И поэтому запах того, кого мы любим, нам всегда нравится. Нас привлекают феромоны одних людей, в то время как феромоны других отталкивают. По всей видимости это в нас заложено эволюцией: мы так производим отбор, подыскивая себе "правильного" партнера.

Если человек нам нравится, нам будет нравиться и его поведение, и манера держать себя. Любому человеку приятно, когда его уважают, доверяют ему, и когда с ним легко и весело. Все это взаимосвязано. Одному что-то кажется веселым, а другому нет, а потому то, что влечет нас друг к другу, во многом связано с нашей системой ценностей и с тем, что определяет нашу суть. Говорят, что противоположности притягиваются. Это правда. Например, интроверту нравится экстраверт, творческие люди выбирают себе педантичных и т.д. Трудность в том, что, когда выбираешь свою противоположность, поначалу тебя привлекают именно те черты, которые со временем начинают раздражать, и именно это и рушит отношения.

Очень важно знать, как себя вести, когда мы не согласны друг с другом или нас что-то выводит из себя. Если вы изначально уважаете друг друга и доверяете друг другу, то никакой конфликт не сможет обернуться катастрофой. Доверие означает, что у вас одни и те же личные интересы. Ты можешь доверять, потому что твой партнер, подрывая твой интерес, автоматически подрывал бы и свой; поэтому он всячески будет этого избегать.

chemistry between us is right" we will say. As a matter of fact, this is more precise than we may know. All animals that are depending on social interaction to survive, excrete something called pheromones. This is a chemical factor that triggers a social response in members of the same species. When we tell our loved one that "you smell so good", it is really true. We are attracted to some people's pheromones and may be repelled by others. Evolution appear to have prepared a selection for us in finding "the right" partner.

To like someone probably also implies that we like the other person's behavior. We all like it when a person behaves respectfully and trustfully towards us, and that it is fun to be together. All of these characteristics are relative. What is fun for some people is not for others, so what attracts us to each other has a lot to do with our own value system and who we are ourselves. It is said that opposites attract. This is true. E.g. introverts may be attracted by extroverts, creative people may be attracted to systematic people etc. The challenge is of course, whether it was the differences or the similarities that attracted us to each other, that over time what was charming and attractive may become a problem and something that irritates and separates us.

When we disagree, or get upset with each other it is imperative to know how to behave. When there is mutual trust and respect from the beginning, all conflicts will be less destructive. Trust means to share the same self-interests. I can trust that you will not undermine my self-interests because if you do you will also hurt your own self-interests.

Уважение - это когда вы позволяете своему партнеру высказывать свое мнение без страха осуждения с вашей стороны, что его мнение отличается от вашего. Вообще, если правильно и конструктивно управлять конфликтом, он должен приносить только пользу. Тому, как построить взаимные уважение и доверие, можно научиться. Для этого необходимо освоить ряд правил и научиться, следуя им, вести себя. Успех приходит, когда такие правила становятся частью культуры и системы ценностей. И если для того, чтобы сформировать такие ценности, необходимо время, то разрушить их можно всего за мгновение.

Разные умные люди говорили и писали о браке много смешного. Некоторые из этих высказываний — поистине озарения, заслуживающие внимания. Возможно, мужчины и женщины по-разному смотрят на отношения, у них даже могут быть разные мотивы для начала этих отношений или для вступления в брак.

Известный врач-сексолог Беттина Арндт утверждает, что представления о будущей совместной жизни могут расходиться: «Женщины надеются на то, что мужчины после свадьбы изменятся, но они не меняются, а мужчины надеются, что с женщинами после свадьбы не случится никаких перемен, но перемены неизбежны».

Но как бы то ни было, я убежден, что каждый ищет себе партнера, чтобы сделать свою жизнь лучше и счастливее. Мы с Аней верим в силу радости и юмора. Добавлю, что я всегда старался говорить о своих ценностях в юмористическом ключе. Я считаю, что люди с чувством юмора более здоровы, чем угрюмые. Те, у кого есть

> «Женщины надеются на то, что мужчины после свадьбы изменятся, но они не меняются, а мужчины надеются, что с женщинами после свадьбы не случится никаких перемен, но перемены неизбежны».

Respect means allowing each other to express our own opinion without defamation or offence because the other think differently. Actually, when we handle conflicts constructively it can actually turn a conflict into something good. To build mutual trust and respect can be learned. It requires however certain behaviors and rules. When these behaviors and rules are a part of our culture and value system, it will make us successful. It takes time however to build these values, and it takes only seconds to destroy them.

A lot of humorous things about marriage have been said and written by various clever people. Some of these quotes are real insights and worth some attention. Maybe men and women have different perspectives on their relationship; we may even have different motives for entering a partnership or marriage.

> **"Women hope men will change after marriage but they don't; men hope women won't change but they do".**

The following quote by the therapist Bettina Arndt indicates that we may even have different expectations about what living together is all about: "Women hope men will change after marriage but they don't; men hope women won't change but they do".

But no matter what, I believe that we search for a life partner to make our lives better and to find happiness. Both Ania and I believe in joy and humor. As a matter of fact, I have always tried to make humor one of my values. I find humorous people more healthy than dull people. Humorous people are never pompous. It's the same with nations and cultures: show me a country without humor and I will show you a dangerous and bad place to be.

чувство юмора, далеки от помпезности и пафоса. Это утверждение справедливо и для государств, и для культур — покажите мне страну, у которой атрофировано чувство юмора, и я покажу вам место, находиться в котором опасно и плохо.

Я отношусь к юмору как к признаку здоровья. Брак, в котором присутствует юмор, — здоровый брак. Совместный смех, доброе подтрунивание друг над другом — вот признаки здоровых отношений. Не знаю, может быть, это и есть «секрет» счастливого брака (кстати, есть мнение, что секрет счастливого брака так и останется секретом). Ясно одно - в стабильных отношениях юмор незаменим.

Я считаю, что быть счастливым — это отчасти результат личного выбора. Я знаю, что обстоятельства жизни могут быть настолько тяжелы, что счастье будет казаться недостижимым.

С другой стороны, наверняка каждый из нас знаком с людьми, у которых есть все предпосылки чувствовать себя счастливыми: здоровье, семья, друзья, работа, деньги, — а они все несчастны и недовольны жизнью. Состояние счастья - это отчасти и следствие сознательных решений. Даже столкнувшись с проблемами, которые кажутся неразрешимыми, можно оставаться счастливыми. Вопрос в ракурсе восприятия.

Пока человек здоров, пока в его жизни есть и любовь, и дружба, и свобода, и при этом нет места тирании и угнетению — все остальное, на мой взгляд, мелочи. Счастье не в деньгах. Конечно, я знаю поговорку «лучше быть богатым и здоровым, чем бедным и больным». Деньги облегчают жизнь, но секрет счастья не в них. Счастье — это внутреннее ощущение, и за деньги можно купить его имитацию совсем ненадолго.

I believe humor is a symptom of health. A marriage with humor is a healthy marriage. When we can laugh with each other and enjoy each other without irony it is a sign of a healthy relationship. I don't know whether this is the true "secret" of a happy marriage (by the way someone said the secret of a happy marriage remains a secret!), but it is definitely necessary for maintaining a strong relationship.

I believe that achieving happiness and a good life is partially a choice. Of course I know that the living conditions for some people are so bad that it is impossible for them to be happy.

On the other hand, we probably all know people who have all the preconditions to be happy: health, family, friends, work, money – and still they seem to be unable to be happy and enjoy their good fortune. Part of happiness involves making a conscious choice about it. Even when you have problems that here and now seem to be unmanageable, you can choose to feel happy. It is a question of focus.

As long as you are healthy, with some love and friendship in your life, freedom and absence of tyranny and oppression, I believe all the rest belongs in the "bagatelle department", i.e. mere trivial extras. Happiness is not about money. I know, as they say, it is easier to be rich and healthy than poor and sick, and money does make life a lot easier, but it is not the secret. Happiness is an inner feeling and money can buy a substitute only for a very short time, through providing material things.

Happiness is connected with the feeling of being at peace with yourself, feeling content with what you have, and having the necessary level of self-esteem to be able to be joyful.

Фундаментом счастья можно считать умение жить в мире с самим собой, чувство удовлетворенности тем, что имеешь, и адекватную самооценку, чтобы сохранять способность наполнять свою жизнь радостью.

И в партнерских отношениях, и в родительстве необходимо, по-моему, уметь ковать свое счастье и удерживать его. Я не говорю об упоительном всепоглощающем счастье, которое охватывает влюбленного. Речь о стабильном повседневном счастье. В этом отношении я чувствую себя баловнем судьбы, потому что в нашей семье всегда царят счастье и любовь.

Когда мужчина и женщина принимают решение о совместной жизни, я полагаю, их отношения должны строиться на четырех принципах: уважения, ответственности, доверия и интимной близости.

Когда мужчина и женщина принимают решение о совместной жизни, я полагаю, их отношения должны строиться на четырех принципах: уважения, ответственности, доверия и интимной близости. Безусловно, совершенно необходимо найти верный баланс между всеми этими четырьмя элементами, потому что преобладание одного будет возможно лишь за счет другого. Замечательно, если люди в паре могут быть и друзьями, и деловыми партнерами, и возлюбленными одновременно. Однако, если, к примеру, деловая и дружеская часть отношений преобладает, то это обязательно происходит за счет двух других – сексуальной и чувственной. Если же в паре нет интимной близости, это означает, что один из необходимых четырех принципов успешного партнерства нарушен, и отношениям может прийти конец. Я знаю такие пары, которые приняли решение оставаться вместе, несмотря на то, что у них больше нет интимной близости. В таком случае эти отношения можно назвать лишь дружественными.

In a partnership, and in parenting, this is in my opinion what we should be aware of: how to build and maintain happiness. I am not talking about the intoxicating all-consuming happiness that we feel when we are deeply in love, but rather a stable, everyday happiness. In this regard, I have been blessed since I have always had both happiness and love in my life.

I believe that when a man and a woman decide to live together as a couple, the relationship should be based on four pillars; respect, commitment, confidence and intimacy. It is of course imperative to find the right balance between these four elements, because too much of something may be at the cost of something else. If a couple can be simultaneously friends, business partners and lovers, it is great. However, if for example the friends or the business-partners side of the relationship takes too much space, it may take something away from the sexual energy and passion between the couple. If intimacy is absent, one of the pillars is missing and the relationship might collapse. I have heard about couples that decided to continue to live together even though they stopped being sexually together. In this case however, it is not a couple relationship, but rather a friendship.

To find the balance between time for leisure, family, travelling, work, etc. is difficult for many of us. As I have become older I can see that I was not always a champion in this regards. As is the case for many. I probably spent too much time on business. However,

Трудно бывает порой гармонично распределять время между семьей и работой, между работой и отдыхом и т.п. С возрастом я понимаю, что вовсе не всегда в этом отношении был на высоте. Как это случалось со многими, я слишком много времени посвящал бизнесу, но в свое время он доставлял мне много радости. Так что, думаю, он принес мне необходимый запас счастья, который я смог разделить со своей семьей.

Чего бы мне хотелось, чтобы в моей жизни было больше? Времени на безделье! Чтобы просто быть со своей семьей. Жизнь, однако же, несправедлива. Когда мы молоды, и появляются маленькие дети, то для многих это то самое время, на которое выпадает и самая напряженная в жизни работа, дающая возможность хоть как-то держаться на плаву.

Мне и сейчас приходится напряженно работать. У меня несколько компаний, и от моей работы зависят другие люди. Однако сейчас у меня есть больше простора для маневра, и я могу вздохнуть свободнее, чем всего-то несколько лет назад.

У Ани тоже есть свое дело — перевод и издание книг по менеджменту. Я занят в бизнесе в сфере образования, также я владею консалтинговой фирмой (в области менеджмента).

Нам обоим нравится то, чем мы заняты, мы и помогаем друг другу, и работаем сообща. Наша дочь Марта — счастливый ребенок, у нее хорошие друзья, и кроме школы она вовлечена в разные интересные занятия. Она учится в обычной швейцарской школе, мы убеждены, что это лучший способ интегрировать ее в местное сообщество, и так ей проще освоить язык (швейцарский немецкий и немецкий).

Мы много путешествуем, навещаем своих родных и друзей в России и в Норвегии, мы много ездим по работе. У меня двое взрослых детей от предыдущего брака, и превращение меня в отца

that brought me happiness and joy, and I believe it gave me the necessary surplus of happiness so I could share share it with my family.

What do I wish I could have done more of? Just doing nothing! Just being with my family. Life is not fair, however. When we are young and have small children it is also for most of us the time in our lives when we have to work the hardest just to survive.

I still have to work hard. I have businesses and I have people that depend on me. However, I have more "altitude" or breathing space today than I had a few years ago.

Ania has her own business (translating and publishing management books) and I am busy with my education business and management consulting business.

Both of us are happy with what we are doing and we are helping each other and working together as well. Our daughter Marta is a happy child with friends and a lot of activities outside her school. Marta attends a regular Swiss school, as we are convinced this is the best way for her to become integrated into the local community and to learn the language (Swiss-German as well as German).

We travel quite a lot, both to see family and friends in Russia and in Norway, but also connected to our business. I have two adult children from a previous marriage and it was of course for me quite a change to become a father again to a schoolchild. The practical implication is that we have to plan according to the school calendar.

школьницы, по правде сказать, внесло в мою жизнь перемены. В практическом смысле, например, теперь мы подстраиваем наш календарь под ее школьное расписание.

На основе русских, норвежских и швейцарских традиций мы сформировали наши собственные семейные привычки. Мы живем в красивой местности, в безопасной обустроенной стране, мы здоровы.

Между нами, мной и моей женой, есть различия, но мы никогда не устраиваем грандиозных скандалов, и никто из нас не имеет привычки долго расстраиваться или сердиться. Мы много смеемся и любим шутить. Марта поет, танцует и устраивает нам «модные дефиле».

Я рассказываю норвежские сказки, которые Аня находит гораздо более жестокими, чем русские, а Марте, тем не менее, они нравятся. Аня знает много смешных и на удивление неприличных анекдотов, слышанных ею еще в России. Нам просто нравится быть вместе. У нас есть мечты, надежды и планы на будущее, и мы с любовью наблюдаем за жизнью наших детей.

А сейчас Аня зовет меня выпить по бокалу вина — ведь сегодня пятница.

— Отличная идея! — поддерживаю я, — только еще ведь нет и пяти, а лишь четверть пятого.

— И что с того? — отвечает Аня.

— В Европе как-то не принято откупоривать бутылку до пяти вечера.

— В таком случае представь, что мы в России! В Москве уже пять.

Что ж, тогда мой тост: «За здоровье и за любовь!»

И мы счастливы — я, везучий норвежец, и его русская жена.

We have established our own family habits using a mix of Russian, Norwegian and Swiss traditions. We live in a beautiful region in a beautiful and well-organized country, and we feel safe and healthy.

We have our differences but never any big fights and neither one of us has the habit of being upset or angry for long. We laugh a lot and tell jokes, Marta sings and dances and gives us "fashion shows".

I tell Norwegian fairytales – which Ania says are much more brutal than the Russian ones – but nevertheless Marta loves them. Ania also has a lot of impressive and surprisingly bawdy anecdotes from Russia. We simply enjoy being together. We have dreams, plans and hopes for the future and we love to follow our children's lives.

Right now I can hear Ania calling me, asking if we should maybe have a glass of wine since it's Friday. "Great idea", I say, "but it's not even five o'clock in the afternoon, it's only quarter past four." "So what?" asks Ania.

"Well, in Europe it's not really the done thing to hit the bottle before five in the afternoon." "Oh, come on, imagine we are in Russia! In Moscow it's already after five."

Then I propose a toast: Za zdorovie i za lubov![3]
Our life is good and we are happy, this lucky Norwegian man and his Russian wife.

---

[3] За здоровье и за любовь! (A toast to health and love).

Аня — пионерка

На этой фотографии Ане 13 лет (фото сделано в 1988 году). Официальное название пионерской организации — «Всесоюзная пионерская организация имени В. И. Ленина»; в СССР это была массовая молодежная организация для детей 10-15 лет. Она просуществовала почти 70 лет с 1922 по 1991 годы. Пионеры приобретали различные навыки социальной коммуникации и могли ездить в государственные летние лагеря.

Ania as a Pioneer

This photo from 1988 shows a 13-year-old Ania as a Pioneer. The Pioneer organization (official name "The Vladimir Lenin All-Union Pioneer Organization"), was a mass youth organization of the USSR for children aged 10-15 that existed in 1922-1991. The Pioneers learned various skills for social cooperation and attended publicly funded summer camps.

Пионерский значок
Pioneer Organization Membership pin

Надпись на значке «Всегда готов!».
The inscription reads "Always Ready!"

Для Ани пионерские годы совпали с перестройкой, и принадлежность к пионерской организации вызывала у нее противоречивые чувства. Этот снимок был сделан в летнем лагере в качестве поощрения за «отличную работу на полях» (прополка турнепса). Аня была горда, но вместе с тем она понимала, что коммунистическая пропаганда очень далека от правды жизни…

This was in the middle of the Perestroika time and Ania had conflicting feelings about being a Pioneer. This picture was taken as a reward she received during a summer camp for her "excellent work in the fields" (weeding turnips). She was very honored, but at the same time she understood that communist propaganda and real-world reality were very far removed…

Two different school photos from two very different countries with two very different value systems

The photo from Marta's Moscow school is a typical Russian school photo. It is hierarchical and high quality, with printed names, all the children in school uniforms, no big smiles allowed, all nicely prepared. Being close to the teacher in the picture typically means you're a favorite.

The Swiss school photo is almost the opposite: no hierarchy, children in everyday clothes, casual and relaxed with any facial expression you like.

I believe that this reflects the culture and social structure in the two countries. Russia is very centralized and hierarchical, valuing obedience rather than trust towards the authorities. Switzerland is very decentralized and egalitarian, and values trust rather than obedience towards authorities.

The way we are brought up through e.g. school will of course reinforce our different value systems.

Две школьные фотографии из двух стран с двумя столь непохожими системами ценностей

Московская фотография класса, где училась Марта, типична для российской школы. Фото хорошего качества, организовано иерархически, все действующие лица подписаны, все дети в школьной форме, все нарядные, и никто не улыбается широко и беззаботно. Близкое расположение к учителю на снимке, как правило, указывает на любимчиков.

Фотография из швейцарской школы: никакой иерархии, дети в повседневной одежде, расслаблены, на лицах легко разглядеть разнообразные эмоции.

Думаю, эти снимки хорошо отражают особенности культуры и социального устройства двух стран. Россия чрезвычайно централизована и иерархична, ценит преданность власти больше, чем доверие к ней. Швейцария очень децентрализованная страна, тут в цене равенство и не так ценится преданность власти, как доверие к ней.

Способ воспитания, в том числе и в школе, несомненно, оказывает влияние на наши непохожие системы ценностей.

In the 90's Ania worked at the famous magazine Ogoniok

"It was a strange job", she says, "and I did everything, which meant, well, nothing, most of the time!"

"The pay was quite good, however: $300 per month, and I got my own office and computer. But my attempts to convince the boss I was capable of more qualified work didn't succeed. The cover of the magazine often had something like a woman's foot, arm, thigh, breasts, etc. These body-parts often belonged to me."

"Once, close to the deadline, the chief editor came to me and said, We have to figure something out for the front cover and I don't have enough material – I need a short story. Here are some sunglasses and here's the photographer, now get out and make up a story with a nice picture of yourself."

Here is that story.

The First Spring Flower

On the Moscow River icebreakers have just started to chop up the ice. This spring seems to contain more ice, snow and blizzards than the promise of summer. But now, despite the freezing temperatures, the first girl dressed for spring appears on the streets of Moscow. Her name is Ania; she is quite comfortable with the low temperatures. In the winter she swims in a hole in the ice and even rides her bicycle. The sun is shining; it is spring, even if the temperature is a little low…[1]

---

[1] http://kommersant.ru/doc/2286521

В 90-е Аня работала в популярном журнале «Огонек»

— Это была странная работа, — рассказывает она. — В мои обязанности входило все, а на деле я практически все время ничем не занималась.

Однако платили хорошо — 300 долларов в месяц, и у меня был свой кабинет и свой компьютер. Но мои попытки убедить своего начальника в том, что я способна делать квалифицированную работу, так ни к чему и не привели. На обложке журнала частенько мелькали женские ноги, руки, бедра, грудь и пр. Часто эти части тела принадлежали мне.

Однажды, когда на носу была сдача очередного номера, ко мне подошел главный редактор: «Нам нужно что-то придумать для обложки — а у меня не хватает материала. Мне нужен какой-нибудь коротенький сюжет. Вот мои солнечные очки, а вот фотограф — придумай историю и добавь к ней свое фото». А вот и сама история.

Первоцвет

На Москве-реке ледоколы только начали колоть лед. И, казалось бы, до настоящей весны — еще льды, и снега, и метели. Но... первая девушка, одетая по-весеннему, появилась на улицах Москвы, несмотря на минусовую температуру. Зовут девушку Аня Чедия, она вообще холодоустойчивая, в самые лютые морозы купается в проруби и ездит на велосипеде. Так что легкий минус ей не в минус, если весна и светит солнышко![2]

---

[2] http://kommersant.ru/doc/2286521

Об авторе

Шетил Сандермоен

Шетил Сандермоен, международный эксперт по стратегическому управлению, основатель Университета Фредериктон и бизнес-школы Сандермоен.

Основатель и основной владелец Университета Фредериктон в Канаде — полноправного участника образовательного рынка, выдающего полноценные дипломы. Бизнес-школа, получившая имя своего основателя, обучает по программам MBA и EMBA.

Ранее являлся главным партнером и профессиональным директором Института Адизеса.

Реализовал множество проектов бизнес-трансформации, консультируя генеральных директоров и топ-менеждмент компаний.

Начиная с 1987 года, работал по всему миру с более чем сотней компаний разного размера (как маленьких, так и крупных) любых направлений деятельности, занятых как в государственном, так и в частном секторе.

Читает лекции и работает на 5 языках: норвежском (родной язык), английском, немецком, датском и шведском.

Имеет обширный международный опыт. Сотрудничал с различными компаниями в Норвегии, Швеции, Дании, Финляндии, Германии, Голландии, Бельгии, Франции, Великобритании, России, Турции, Китае, Бразилии, США, Канаде, Украине, Испании, Объединенных Арабских Эмиратах, Нигерии и Швейцарии.

Обладает степенью доктора экономики Университета Карлстад, Швеция. Родился в Норвегии в 1956 году, имеет 2 детей от предыдущего брака. С 2016 года женат на Анне Чедия, стал приемным отцом ее дочери Марты. Они все вместе проживают в Цуге в Швейцарии как семья Сандермоен.

За дополнительной информацией обращайтесь по ссылке:
www.sandermoen.com

About the author

Kjetil Sandermoen

Kjetil Sandermoen, global strategic management consultant, founder of the University of Fredericton and Sandermoen School of Business.

Founding investor and principal owner of the University of Fredericton, a fully designated Canadian degree granting university. Sandermoen School of Business provides graduate programs (MBA and EMBA).

Former Principal Associate and Professional Director of the Adizes Institute. Facilitated major change programs in companies leading to vastly improved business performance, advising CEO and senior management teams.

Kjetil has worked globally with over a hundred companies big and small since 1987, in all kinds of industries and in both the private and public sector.

He speaks and works fluently in Norwegian (mother tongue), English, German, Danish and Swedish.

He has broad international experience, having worked in Norway, Sweden, Denmark, Finland, Germany, Holland, Belgium, France, UK, Russia,Turkey, China, Brazil, USA, Canada, Ukraine, Spain, United Arabian Emirates, Nigeria and Switzerland.

He holds a degree in Economics from Karlstad University, Sweden.
Kjetil Sandermoen was born in Norway in 1956. He has two children from a previous marriage.

In 2016 he married Ania Chediya and adopted her daughter Marta. They live together in Zug, Switzerland as the Sandermoen family.

If you want to know more, see: www.sandermoen.com

Шетил и Аня вместе в Цуге в Швейцарии в 2016 году

Kjetil and Ania together in Zug, Switzerland 2016

MY RUSSIAN WIFE

Sandermoen, Kjetil

Address inquiries to:

Sandermoen Business Management

Email: post@sandermoen.com

Edited by Stephanie Droop

Design and layout by Natalia Abelian